스승이
필요한 순간

스승이
필요한 순간

400여 년 인간관계의 지혜가 담긴
채근담 인생강의 108강

🛡 시사일본어사

채근담으로 배우는
인생 기본기

2013년 가을은 유난히 쓸쓸했다.

미야모토 신야, 이시이 카즈히사, 히야마 신지로, 후지모토 아츠시, 야마사키 다케시 등, 야쿠르트, 한신, 라쿠텐에서 지도했던 아끼는 제자들이 모두 현역에서 물러나게 되었기 때문이다.

"수비가 되는 유격수부터 찾아 주십시오. 강팀을 만들려면 수비의 핵심인 유능한 유격수가 반드시 필요합니다."

"강속구는 타고나는 겁니다. 제구는 제가 어떻게든 가르쳐 볼 테니, 우선 강속구를 던질 수 있는 투수를 찾아 주십시오."

이렇게 구단의 힘을 빌려 발굴해서 하나부터 열까지 가르친 선수들이 미야모토와 이시이였다.

히야마는 한신의 암흑기 시절, 4번 타자를 맡겼던 선수다.

"지금에 와서야 노무라 감독님의 가르침에 제가 큰 도움을 받았다는 걸

깨달았습니다.”

제자 시절에는 내 지도 내용이 잘 이해되지 않는다던 그가 시간이 흐르니 이런 말을 해주었다.

후지모토는 우연히 사회인 야구팀 경기를 보다 발견한 선수로, 그의 수비 실력은 한눈에 반할 정도였다.

마지막 제자라 할 수 있는 야마사키. 그를 처음 만난 건, 그가 야구 인생을 포기하려고 했을 무렵이다. 그에게 경기의 ‘수를 읽는 법’에 대해 가르쳤고, 이를 익힌 그는 무려 서른아홉의 나이에 홈런왕과 타점왕에 올랐다.

은퇴 발표 후, 그들은 내게 그동안 정말 감사했다며 한 명도 빠짐없이 감사의 인사를 전해 왔다.

은퇴 후 야쿠르트의 감독을 맡기 전까지, 그라운드 밖에서 평론가로서 야구 연구에 한창 몰두할 때 《채근담》을 접하게 되었다. 그 시절 읽었던 책들에는 《채근담》에서 인용한 내용들이 많았는데, 이것이 바로 채근담을 본격적으로 읽게 된 계기다.

‘적을 알고 나를 알면 백 번 싸워도 위태롭지 않다知彼知己 百戰不殆’로 유명한 《손자병법》이나 유교의 근간이 된 《논어》와 같은 책은 모두 기원전에 쓰여진 데 비해, 홍자성의 《채근담》은 17세기 초, 즉, 지금으로부터 약 400여 년 전에 쓰여졌기 때문에 고전이긴 하지만 비교적 최근에 발간된 책이라 할 수 있다.

들풀이나 나물 뿌리菜根처럼 거칠고 변변치 않은 음식을 먹고도 잘 지낼 수 있다면 세상에 이루지 못할 일이 없다는 의미를 담고 있는 《채근담》. 이 책에서는 바른 삶의 자세, 특히 리더가 가져야 할 태도와 가치관을 잘 제시하고 있다. 하지만 오랜 세월 프로야구라는 약육강식의 세계에서 살아온 나로서는, 실제 삶과 책의 내용이 상충되는 부분이 다소 있는 것도 사실이다. 그렇지만 직장생활이나 승부와 관련해서는 본보기로 삼을 만한 격언이 많았다. 다음 격언도 그중 하나다.

得意時, 便生失意之悲
득 의 시   편 생 실 의 지 비
득의에 차 있을 때 오히려 실의의 슬픔이 태어난다.

― 전집 58

성공의 절정 속에 이미 실패의 싹이 숨어 있다는 뜻이다. 팀이 연승 행진을 이어가고 있을 때야말로 미래의 패배의 씨앗이 싹을 틔우고 있을지 모르기 때문이다. 여기서 '연승'을 '우승'으로 바꿔도 마찬가지다. 승리가 이어질 때는 모두가 승리에 취해 무엇이 잘못됐는지 알지 못하지만, 언젠가는 그 잘못된 부분이 겉으로 드러나기 마련이다.

나중에 알게 된 사실이지만, 요미우리를 9년 연속 우승팀으로 이끈 카와카미 테츠하루 감독도 《채근담》을 즐겨 읽었다고 한다. 이 책은 감독뿐 아니라 선수에게도 도움이 되는 격언이 많다. 같은 격언이라도 읽는 사람에 따라 다른 느낌으로 다가오는, 참으로 묘한 힘을 가진 책이라는 생각이 든다.

이러한 《채근담》의 수많은 격언에 나의 인생관과 야구관을 담아 한 권의 책으로 엮어 보았다. 중국 고전 전문가가 아닌 탓에 나의 해석이 어쩌면 다소 억지스러운 부분이 있을지도 모르겠다. 부디 너그러운 마음으로 이해해 주길 바라며, 노무라가 《채근담》을 읽으며 무슨 생각을 했는지, 그 뜻을 헤아려 준다면 더 이상 바랄 게 없겠다.

노무라 카츠야

차 례

2장 하루하루의 연습이 큰 차이를 만든다

3장 올바른 노력은 반드시 보상 받는다

일러두기

1. 채근담은 판본에 따라 항목 수와 분류 방식, 내용 등에 조금씩 차이가 있습니다. 이 책의 채근담 원문과
   항목 번호는 『野村克也の菜根譚(노무라 카츠야의 채근담)』에 따랐습니다.

2. 이 책에 등장하는 인물 및 지명 표기는 실제 일본어 발음에 가깝게 표기해, 현 일본어 표기법(국립국어원)과
   다를 수 있습니다.

3. 본문 괄호 안의 별색으로 표시된 주는 모두 옮긴이 주입니다.

1장

인생 습관을 만드는 데도
전략이 필요하다

001
올바른 삶을 살고 있으면,
누군가는 반드시 보고 있다

棲守道德者, 寂寞一時. 依阿權勢者, 凄凉萬古.
<small>서 수 도 덕 자　　 적 막 일 시　　 의 아 권 세 자　　 처 량 만 고</small>

達人觀物外之物, 思身後之身, 寧受一時之寂寞,
<small>달 인 관 물 외 지 물　　 사 신 후 지 신　　 녕 수 일 시 지 적 막</small>

毋取萬古之凄凉.
<small>무 취 만 고 지 처 량</small>

도덕을 지키며 살아가는 사람은 한때 잠시나마 쓸쓸하고 외로울 수 있으나, 권세에 빌붙어 아부하는 사람은 영원히 쓸쓸하고 처량한 법이다.

이치를 깨우친 사람은 사물의 참모습을 바라보고 자신이 죽은 후 자신의 평판을 생각하니, 한때 잠시나마 쓸쓸하고 외로울지언정 영원히 처량해질 일을 취해서는 안 된다.

– 전집 1

'인생'이라는 단어는 다양한 해석이 가능한 멋진 말이다.

사람人으로서 살아간다生.

사람人과 살아간다生.

사람人을 살린다生.

사람人을 낳는다生.

"사람은 무엇을 위해 태어나는가."

감독 시절, 선수들에게 '인생'이라는 말의 의미에 대하여 생각해 볼 수 있도록 미팅 때마다 했던 말이다.

개인적으로 삶의 소중함을 깨달은 순간은, 1980년 현역에서 물러나 유니폼을 벗게 되었을 때였다.

그 즈음 평론가인 쿠사야나기 다이조 씨가 내게 이런 조언을 해주었다.

"올바른 삶을 살고 있으면, 누군가는 반드시 보고 당신을 제대로 평가해 줄 거예요."

'그래! 이번 기회에 나의 야구 이론을 정리해 보는 거야. 우선 글로 표현하는 것부터 시작해 보자'고 마음먹고 있던 차에, 야쿠르트 구단으로부터 감독 제의가 들어와 예상치 않게 다시 감독으로서의 길이 열리게 됐다.

굳이 아부를 떨지 않아도, 자신의 기량을 갈고닦으며 올바른 노력을 계속하고 있으면 누군가 그것을 반드시 알아봐 주는 법이다. 지금 현실이 쓸쓸하고 처량하다 해도 절대 낙담해서는 안 된다.

002
마지막에 이기는 이는
서투른 사람이다

涉世淺, 點染亦淺, 歷事深, 機械亦深.
섭세천 점염역천 역사심 기계역심
故君子與其練達, 不若朴魯, 與其曲謹, 不若疎狂.
고 군자여기연 달 불약박로 여기곡근 불약소광

인생 경험이 얕은 사람은 악행에 물드는 정도도 역시 얕지만, 산전수전 다 겪으
며 속세에 찌든 사람은 악습에 물드는 정도도 심하기 마련이다.
그러므로 군자는 세상살이에 능해지기보다는 다소 소박하고 아둔한 편이 나으
며, 속세의 일에 얽매이기보다는 거리낌없이 자유분방한 것이 낫다.

- 전집 2

요령 좋은 사람과 서투른 사람, 이 두 사람이 같은 일에 몰두했다고 치
자. 나는 마지막에 이기는 사람은 후자라고 생각한다. 일에 몰두할 때는,
우직하게 일심불란一心不亂의 마음으로 임해야 한다. 내가 프로야구(난카
이 호크스, 현 후쿠오카 소프트뱅크 호크스의 전신, 이하 난카이)에 입단
했던 1954년 당시의 월급은 7만 엔이었다. 월급에서 기숙사비 등을 빼고
나면 내 손에 남는 것은 고작 4만 8,000엔이었다. 대졸 초봉이 한 달에 6
만 엔 정도 하던 시절이었다.

선배들은 연습이 끝나면 오사카의 번화가로 우르르 몰려나가곤 했지

만, 내게는 노는 데 쓸 돈이라고는 없었다. 그래서 한눈팔지 않고 열심히 배트를 휘둘렀다. 나는 다른 선수보다 장타를 더 잘 쳐낼 자신이 있었고, 프로야구 선수로 살아남기 위해 타격 실력을 열심히 갈고닦겠다고 마음먹었다.

인생 경험이 적었기에 나쁜 습관에 물들 일도 적었다. 오로지 배트만 휘둘렀기 때문에 손바닥에는 온통 물집과 굳은살만 늘어 갔고, 그것이 점점 단단해져 나다운 손이 되어 갔다.

"다들 노무라 손바닥 좀 봐라. 이래야 프로선수 손이라 할 수 있지."

이 말을 들었던 날, 얼마나 기뻤던지 아직까지도 기억이 생생하다.

아무리 서툰 사람이어도 경험이 쌓이다 보면, 어느 순간 세상살이에 능해지기 마련이다. 그러므로 적어도 처음에는 우직해야 하는 법이다.

003
사람은 무엇을 위해 일하는가

寵利毋居人前, 德業毋落人後.
총 리 무 거 인 전 덕 업 무 락 인 후

受享毋踰分外, 修爲毋減分中.
수 향 무 유 분 외 수 위 무 감 분 중

이익은 남보다 앞서 취하려 들지 말아야 하고, 덕을 베푸는 일은 남에게 뒤쳐지지 않아야 한다.

재물을 누릴 때는 자기 분수를 넘지 않아야 하고, 수양할 때는 할 수 있는 모든 노력을 기울여야 한다.

— 전집 16

　감독 시절, 내가 동계 전지훈련에서 선수들에게 가장 먼저 꺼내던 말은, '사람은 무엇을 위해 사는가'와 '사람은 무엇을 위해 일하는가'였다.

　대부분의 선수들은 제대로 대답을 못했지만, 개중에는 "더 많은 연봉을 받기 위해", "더 좋은 생활을 하기 위해"라고 대답하는 선수도 있었다.

　그 순간 내가 "세상을 위해, 다른 사람을 위해 일하는 게 아닐까?"라고 하면 모두들 어리둥절한 표정을 짓곤 했다.

　프로야구에 빗대어 말하자면 이런 것이다. 고객, 즉 팬이 원하는 것이 무엇이겠는가? 그것은 바로 승리일 것이다. 자신이 응원하는 팀이 승리하는 모습을 보기 위해 기꺼이 돈을 내면서까지 경기장에 오는 게 아니겠는가. 그들이 낸 돈이 곧 선수들이 받는 보수가 되는 것이다. 그렇다면 고

객(팬)이 원하는 것을 제공하는 게 바로 프로의 의무가 아니겠는가.

다시 말해, 돈이 아니라 팬을 위해 경기에 나서야 하고, 그 팬이 원하는 승리를 위해 경기에 임해야 하는 것이다. 그리고 그 승리에 공헌하기 위해, 자신이 할 수 있는 역할을 생각하고, 노력하는 자세가 우선시되어야 한다.

004
선한 이에게는 너그럽게,
악한 이에게는 엄격하게

處治世宜方, 處亂世宜圓, 處叔季之世, 當方圓並用.
처 치 세 의 방   처 난 세 의 원   처 숙 계 지 세   당 방 원 병 용

待善人宜寬, 待惡人宜嚴, 待庸衆之人, 當寬嚴互存.
대 선 인 의 관   대 악 인 의 엄   대 용 중 지 인   당 관 엄 호 존

태평성세에는 곧고 바르게 살아야 하고, 난세에는 몸가짐을 원만히 해야 하며,
말세에는 곧음과 원만함을 두루 갖추어야 한다.
선한 이를 대할 때는 너그러워야 하고, 악한 이를 대할 때는 엄격해야 하며, 평범
한 사람을 대할 때는 너그러움과 엄격함을 모두 갖추어야 한다.

– 전집 50

누구나 자신의 신념을 지키며 살아가고 싶다고 생각하지만, 사실 그렇
게 쉬운 일은 아니다.

자신이 처한 시대와 마주하여 어떻게 처신할 것인가를 늘 고민해야 한
다. 세상이 평화로울 때는 자신의 뜻을 확고히 굳히고 살아가면 되지만,
시국이 혼란스러울 때는 사태에 유연하게 대처하며 살아가야 한다. 사람
을 대할 때도, 선한 사람에게는 너그럽고, 악한 사람에게는 엄격하게 대
하는 것이 좋다.

예를 들어 같은 시합이라도 양 진영 모두 무득점인 경우, 1점 차로 추격

하는 경우, 1점 차로 리드하고 있는 경우 등 다양한 상황이 존재한다. 이처럼 저마다 처한 상황이 다르므로 대처법 역시 다른 것은 당연한 일이다. 타석에서 항상 직구를 기다리는 타자가 있는가 하면, 자신이 노리는 구질球質을 추려서 기다리는 타자도 있다. 이 역시 상황에 따라 변하는 법이다.

필요한 것은 시대를 보는 눈과 상대를 보는 눈을 기르는 것이다.

그러기 위해서는 항상 자신을 객관적으로 바라볼 수 있어야 한다. 시대와 상대에 맞추어 어떻게 자신을 바꾸고 대응해 나갈 것인가. 상대를 보는 눈을 기른다는 것은 자신을 아는 것에서부터 시작된다. 내 자신을 알아야 상대를 파악할 수 있는 법이다.

자신을 알 것. 상대를 알 것. 그리고 상황을 알 것.

이 세 가지가 성립돼야 비로소 시대에 맞는 삶의 방식을 관철할 수 있다. 세상의 어떤 문제와 어려움이 찾아와도 결코 무너지지 않는 강한 자아를 만들 수 있는 것이다.

005
성공의 절정에는
실패의 씨앗이 숨어 있다

苦心中, 常得悅心之趣.
고 심 중   상 득 열 심 지 취
得意時, 便生失意之悲.
득 의 시   편 생 실 의 지 비
고심 중일 때 오히려 흡족한 기쁨을 얻을 수 있고,
득의에 차 있을 때 오히려 실의의 슬픔이 태어난다.

- 전집 58

　득의에 차 있을 때 오히려 실의의 슬픔이 태어난다. 이는 야쿠르트 감독 시절부터 항상 마음속에 새겨 두고 있는 말이다. 성공의 절정에는 이미 실패의 전조가 숨어 있는 법이다. 이겼다고 방심하지 말라는 말일 테지만, 나는 그보다도 더 강하고 엄격한 의미로 이해하고 있다. 만일 지금 승리의 절정에 놓여 있다면, 명심하라! 바로 이 순간 미래의 패배의 씨앗이 싹트고 있음을. 개인으로서도 마찬가지지만, 팀을 이끄는 사람이라면 더 말할 것도 없다.

　야쿠르트에서 감독을 하며 1993, 1995, 1997년, 세 차례 일본시리즈 정상을 차지했다. 하지만 우승한 다음해에는 모두 B클래스(리그 4위 이하)의 성적에 머물렀다.

요미우리처럼 부유한 강팀은 우승 후 다음 시즌에 대비하여 과감한 전력 보강이 가능하지만, 그만큼의 여력이 없는 야쿠르트로서는 과감한 전력 보강은커녕, 현재 전력의 피로 회복과 재정비부터 시작해야 한다.

　선수들은 정상에 올랐다는 성취감에 취해 있었고, 지휘를 하는 나 역시도 정상을 차지하는 과정에서 선수들을 고생시켰다는 마음이 들어 조심스러워졌다. 그러다 보니 선수 기용에도 망설임이 생겼다. 게다가 패배한 상대 팀들은 눈에 불을 켜고 대책을 세워 도전해 온다.

　기쁨을 찾을 여유는 내게 좀처럼 허락되지 않았다.

006
자신을 갈고닦아 얻은 행복은
오래도록 자신의 것이 된다

一苦一樂相磨練, 練極而成福者, 其福始久.
일 고 일 락 상 마 련   연 극 이 성 복 자   기 복 시 구
一疑一信相參勘, 勘極而成知者, 其知始眞.
일 의 일 신 상 참 감   감 극 이 성 지 자   기 지 시 진
인생의 쓴맛과 단맛을 모두 겪으며 연마하여 이뤄 낸 복은 진정으로 오래가는 법
이다.
끊임없이 의심하고 신뢰하며 바로잡은 지식이야말로 진정으로 참된 지식이다.

– 전집 74

나는 포수를 꾸짖을 때마다 '공 한 개의 근거'를 묻곤 했다. 직구인지 커
브인지 슬라이더인지 포크(변화구의 일종)인지, 몸쪽 공인지 바깥쪽 공인
지, 스트라이크를 챙길 것인지, 볼로 유인할 것인지 등등. 어떠한 근거로
그 공을 선택했는지를 묻고, 틀린 대답을 할 경우 꾸짖는 게 나의 교육 방
식이었다.

교육할 때 가장 싫었던 건 포수가 아무런 대답도 없이 가만히 있는 것
이었다. 제 나름대로 공 한 개의 근거를 생각하여 소신껏 대답하면, 설령
그 답이 틀렸다 하더라도 부족한 점을 찾아 고쳐 나갈 수 있다.

포수는 매우 고된 포지션이다. 아군 투수를 믿으며 상대 타자를 의심해

야 하고, 시합 전날부터 고생해 가며 준비해도 기쁨은 경기에서 승리했을 때 그 순간뿐이다. 하지만 괴로움을 이겨 내고 승리한 경험은 반드시 열매가 되어 돌아온다. 괴로움과 즐거움을 모두 맛보며 자신을 갈고닦아 얻어 낸 행복은 오래도록 자신의 것이 된다. 의심과 믿음을 반복하며 살피고 헤아린 끝에 얻어 낸 지식은 참되다.

인생에 모범답안은 없다. 직접 괴로워하고, 의심하고, 고심해 가며 답을 찾는 수밖에 없다. 참된 실력을 쌓아 참된 행복을 거머쥐자.

007
욕심이 지나치면
승리가 멀어진다

人只一念貪私, 便銷剛爲柔, 塞智爲昏, 變恩爲慘,
인 지 일 념 탐 사   변 소 강 위 유   색 지 위 혼   변 은 위 참

染潔爲汚, 壞了一生人品.
염 결 위 오   괴 료 일 생 인 품

故古人以不貪爲寶, 所以度越一世.
고 고 인 이 불 탐 위 보   소 이 도 월 일 세

사람이 욕심을 부리고 사사로워지면 강직함이 녹아 유약해지고,

지혜는 막혀 혼미해지며, 자비로움은 잔혹함으로 변하고,

깨끗함은 더러움에 물들어 일생의 인품을 망가뜨린다.

그렇기에 옛 선인들은 탐하지 않는 것을 귀하게 여겨 평생 정진한 것이다.

– 전집 78

　프로야구의 세계에서 살아온 탓에 난 욕심이 꼭 나쁜 것이라고는 생각
하지 않는다. 하지만 선수 개인이 지나치게 욕심을 부리면 팀의 승리가
멀어져 버릴 때가 종종 있다.

　사리사욕만 탐하는 선수는 유연한 사고는 물론 지혜를 발휘할 여유도
잃어, 결국에는 팀의 은혜를 잊고 팀을 위해 자신을 희생하는 정신마저
잊고 만다.

　감독을 하며 깨달은 건 감독과 선수는 목표하는 게 다르다는 사실이다.

우승하고 싶다는 마음은 같지만, 그 출발점이 다르다.

감독은 '팀의 승리'를 최고의 목표로 여기는 '팀 우선주의'가 생각과 행동의 출발점인 반면, 선수는 자신이 잘 치고 잘 던져서 좋은 성적을 올려 승리에 공헌하고 싶다고 하는 '개인 우선주의'가 출발점이 되기 때문이다.

1점 차로 뒤진 상황에서 주자가 나갔는데, 다음 타자가 맥없이 초구에 손을 대 아웃되는 바람에 이닝이 끝나 버려 호되게 꾸짖기도 여러 번이었다.

"주자를 진루시켜야겠다는 생각을 조금이라도 했나? 자네를 위해 팀이 있는 게 아냐. 팀을 위해서 자네가 있는 거지."

개인이 필요 이상으로 욕심을 부리면 팀 전체의 승기勝機를 잃게 되는 일이 있다. 이건 어느 시대든 변함이 없는 불변의 진리다.

008
과거의 실패를 후회하기보다
미래의 실패에 대비해야 한다

圖未就之功, 不如保已成之業.
<small>도 미 취 지 공　　불 여 보 이 성 지 업</small>
悔旣往之失, 不如防將來之非.
<small>회 기 왕 지 실　　불 여 방 장 래 지 비</small>

아직 얻지도 못한 성과를 기대하는 건 이미 이루어놓은 일을 지키느니만 못하다.
이미 지나간 잘못을 후회하는 것은 앞으로 닥쳐올 잘못을 대비하느니만 못하다.

– 전집 80

아직 전망도 서지 않은 계획에 대해 이래저래 생각하는 것보다, 지금까지 해온 일을 잘 유지하고 발전시키는 데 힘을 쏟아야 한다. 그리고 과거의 실패에 연연하며 후회하기보다 미래의 실패에 대비하는 자세가 필요하다.

공명심이 앞서 하지도 못할 일에 무턱대고 덤벼든다 한들 좋은 결과를 얻을 수 없다. 그런데 자신이 할 수 있는 일을 제대로 해내는 것 역시 그리 만만한 일은 아니다. 과거의 실패를 양식으로 삼아 다음에는 실패하지 않도록 대비하는 자세가 중요하다. 그런데 실패의 원인을 생각하기는커녕, 실패했다는 사실 자체에 사로잡혀 대응책을 강구하지 못한다면, 분명 또 다른 실패를 부를 것이다.

스스로 제어할 수 없는 일은 일체 생각하지 않을 것. 생각한들 어찌 할 도리가 없는 일이므로 자신이 할 수 있는 일에만 집중해야 한다.

처한 환경과 해야 할 일, 상황 등은 내 힘만으로는 바꾸기 쉽지 않다. 하지만 단 하나, 변하지 않는 것이 있다. 그것은 현재 내가 가지고 있는 능력이다.

내 자신의 능력을 믿고, 맡겨진 역할을 확실히 해내는 것. 그리고 과거의 실패를 교훈 삼아 같은 전철을 밟지 않도록 노력하는 것. 우선은 이것만으로도 충분하다.

009
하늘이 도와주지 않는다 해도
자신의 길을 관철하라

天薄我以福, 吾厚吾德以迓之. 天勞我以形, 吾逸吾心以補之.
천 박 아 이 복   오 후 오 덕 이 아 지   천 노 아 이 형   오 일 오 심 이 보 지
天阨我以遇, 吾亨吾道以通之. 天且奈我何哉.
천 액 아 이 우   오 형 오 도 이 통 지   천 차 내 아 하 재

하늘이 나에게 복을 인색하게 준다면, 나는 덕행을 더 쌓아 복을 맞이하고,

하늘이 내 육체를 힘들게 하면, 나는 마음을 편안히 하여 육체의 고단함을 보완

한다.

하늘이 나의 기회를 막아 험난하게 만든다면 나는 나 자신의 도를 형통하게 하여

통하게 하리라.

설령 하늘인들 어찌하겠는가.

- 전집 90

"이건 운명이야"라고 말하며 쉽게 포기하는 건 누구나 할 수 있다.

나는 스스로 운이 좋은 편이라고 생각한 적은 있어도 운명 운운하며 포

기한 적은 없다.

1963년, 나는 당시 프로야구 신기록인 한 시즌 52호 홈런을 달성했다.

공교롭게도 그 52호 홈런을 쏘아 올린 건 마지막 시합 마지막 타석에서였

다. 볼카운트는 쓰리 볼, 상대 투수는 기록의 희생양이 되고 싶지 않아,

누가 봐도 승부를 피하는 기색이 역력했다. 결국 마지막 공에 달려들다시

피 해서 억지로 쳐내 담장을 넘겼다.

　이런 과감한 스윙이 가능했던 이유는 후회를 남기고 싶지 않다는 마음, 오로지 그것뿐이었다. 사실 그 전날, 한 시합에서 2개의 홈런을 쳐 프로야구 타이 기록을 세웠다. 나에게는 그 홈런 2개가 행운임과 동시에 하늘에서 내려준 큰 기회였다.

　올곧게 한 길을 걸어온 것에 대하여 하늘이 내린 상이라 여겼고, 그렇다면 후회를 남기는 일 없이 내게 주어진 기회를 살리고 싶다는 일념뿐이었다. 바로 이 절실한 마음이, 마지막 남은 한 번의 기회에서 과감한 스윙을 가능케 한 것이다. 외야 펜스에 부딪힐 듯 총알같이 날아간 직선타가 펜스를 넘어 홈런이 된 것 역시 후회하고 싶지 않다는 의지가 이룬 쾌거라고 생각한다.

　설령 하늘이 내 길을 막는다 해도, 자신의 길을 관철하여 벽 너머를 향해 묵묵히 터널을 뚫고 나아갈 뿐이다. 무언가를 포기하게 만드는 생각은 포기하고자 하는 나약한 마음을 틈타 들어오는 것일지도 모른다.

010
욕심으로 시작하지만,
그 욕심에서 벗어나라

貞士無心徼福, 天即就無心處牖其衷.
<small>정 사 무 심 요 복　　천 즉 취 무 심 처 유 기 충</small>

憸人着意避禍, 天即就着意中奪其魄,
<small>섬 인 착 의 피 화　　천 즉 취 착 의 중 탈 기 백</small>

可見天之機權最神, 人之智巧何益.
<small>가 견 천 지 기 권 최 신　　인 지 지 교 하 익</small>

지조 있는 사람은 복을 구하는 마음이 없으니, 하늘이 그 마음에 보답하여 내면을
올바르게 인도한다.

간사한 사람은 불행을 피하고자 급급하니, 하늘이 그 집착하는 마음을 파고들어
넋까지 앗아 간다.

하늘의 재주와 권력이 이토록 신비하거늘, 인간의 지혜와 잔꾀가 다 무슨 소용이
있겠는가.

- 전집 91

　지조 있고 욕심이 없는 사람은 하늘이 그의 무심무욕<small>無心無欲</small>에 반하여
행복한 인생을 살게 해준다. 욕심이 많고 음험한 사람은 재앙을 피하려다
오히려 불행한 인생을 산다. 하늘의 움직임은 신비하여 인간의 얄은 지혜
는 아무런 소용이 없다.

　검도에서는 이때다 싶어 타격에 나서도, 불과 0.1초의 타이밍 차이로
한 판을 놓치는 경우가 종종 있다고 한다. 야구에서도 이와 비슷한 경우

가 있다. 타석에서 공을 기다리는데 딱 치기 좋은 실투가 들어와, 마음속으로 쾌재를 부르며 배트를 휘두른다. 그런데 살짝 빗맞거나 스윙이 약간 늦어 절호의 찬스를 헛스윙으로 날려 버리고 마는 것이다.

나도 수없이 경험해 본 상황이다. 그래서 기회를 놓치고 고개를 갸웃거리며 돌아오는 타자에게 "기뻐하는 게 0.1초 일러!"라며 꾸짖기도 여러 번이었다.

'욕심으로 시작하지만 그 욕심에서 벗어나라'는 말을 기억하라(노무라 카츠야의 명언. 성공의 열망을 품고 자신을 단련하고 노력하되, 일을 행함에 있어서는 욕심에서 벗어나 자제심을 가지라는 의미).

인간은 누구나 욕심이 있기 마련이고, 그 욕심이 더 좋은 인생을 살기 위한 원동력이 되는 것도 사실이다. 그리고 나 역시 욕심이 없는 성인군자는 아니다. 하지만 일에 있어 지나치게 욕심을 부리면 결과적으로 모든 것을 잃게 될 수도 있다. 강자란 가장 중요한 순간에 무심무욕의 상태로 있을 수 있는 사람이다.

011
인생 후반부를 미리 준비하라

聲妓晩景從良, 一世之胭花無碍.
성 기 만 경 종 량   일 세 지 연 화 무 애

貞婦白頭失守, 半生之淸苦俱非.
정 부 백 두 실 수   반 생 지 청 고 구 비

語云, 看人只看後半截. 眞名言也.
어 운   간 인 지 간 후 반 절   진 명 언 야

화려하게 노래 부르던 기생도 늘그막에 결혼을 하면 한평생의 기녀 생활은 아무
문제가 되지 않는다.

헌데, 정숙한 부인이 늘그막에 정조를 잃어버리면, 고생하며 지켜온 절개가 물거
품이 되어 버린다.

속담에서 이르길, 사람을 평가하는 데는 인생의 후반부를 보는 것으로 충분하다
고 하였는데 참으로 명언이 아닐 수 없다.

- 전집 92

사람을 판단할 때는 그 사람의 인생 후반부를 보는 것이 낫다. 프로야
구 선수는 현역 시절에는 모든 게 숫자, 즉 성적으로 평가된다. 하지만 비
록 눈에 띄는 성적을 남기지 못한 선수라 할지라도 인생 후반부를 알차게
보낼 방법은 있다.

감독 시절 선수들에게 항상 은퇴 후를 생각하며 뛰라고 가르쳐 왔다.
선수들은 은퇴해도 야구와 관련된 일을 하는 사람이 많다. 그러니 현역에
있을 때, 더 깊이 야구에 대하여 연구해야 한다. 자신이 좋아하는 야구를

24시간 내내 할 수 있을 때는 현역 시절뿐이므로, 한정된 시간을 효율적으로 사용하여 인생 후반부를 살아갈 양식으로 삼아야 한다.

야쿠르트에 하시가미 히데키라는 선수가 있었다. 다른 팀에서 뛴 기록을 포함하여 약 500시합 정도 1군 무대에서 뛰었지만, 선수로서는 그다지 눈에 띄는 성적을 올리지 못했다. 하지만 그는 내 말의 의미를 잘 이해했고, 라쿠텐에서는 수석 코치를 맡아 내 오른팔 역할을 했다. 나중에는 요미우리에 스카우트되어 전략 코치로도 일했다.

그의 인생 전반부는 그다지 눈에 띄지 않는 외야수에 불과했지만, 후반부는 야구 전문가로서 제2의 인생을 훌륭하게 그려 나가고 있다.

프로야구 선수의 경우 일반 회사원과 달리 현역에서 은퇴한 후의 삶이 훨씬 더 긴 것을 생각하면, 하시가미가 착실히 노력하여 따낸 평가가 그의 인생의 후반부를 충실하게 만든 것임에는 틀림이 없다.

012
완벽한 사람은
자연 그대로 살아간다

文章做到極處, 無有他奇, 只是恰好.
문 장 주 도 극 처　무 유 타 기　지 시 흡 호
人品做到極處, 無有他異, 只是本然.
인 품 주 도 극 처　무 유 타 이　지 시 본 연
지극한 경지에 다다른 문장은 남다른 특별함이 있는 것이 아니라 딱 알맞을 뿐이고,
지극한 경지에 다다른 인격은 남다른 뛰어남이 있는 것이 아니라 본연 그대로일
뿐이다.

– 전집 102

　현역에서 은퇴한 후 기업이나 단체로부터 강연 요청을 종종 받게 되었다.
　처음 강단에 섰을 때의 일이다. 기대에 부응하고자 강연 며칠 전부터
열심히 원고를 준비했다. 내게 마련된 시간은 1시간이었는데 강연 시작
후 20분 만에 원고를 다 읽어 버리고 말았다. 완전히 망쳤다는 생각에 진
땀을 빼며 "제 이야기는 이것으로 마치겠습니다. 남은 시간은 여러분의
질문에 답하도록 하죠" 하면서 얼버무려 넘긴 적이 있다.
　그 일이 있은 후 평론가인 쿠사야나기 다이조 씨가 내게 조언해 주었다.
　"당신 강연을 보러 온 사람들이 원하는 게 뭘까요? 바로 당신의 야구 경
험담이에요. 그걸 있는 그대로 전달하면 되는 거예요. 애써 무리할 필요

는 없어요. 청중들은 당신의 경험을 자신의 인생에 비추어 참고로 삼을 테니까요."

이 말을 듣고 나니 어깨의 짐도 조금 덜어진 기분이 들었고, 차차 제대로 된 강연을 할 수 있게 되었다.

완벽한 문장은 말하고자 하는 것을 넘치거나 모자람 없이 전달할 뿐이고, 완벽한 사람은 자연 그대로 살아갈 뿐이다. 온갖 미사여구로 자신을 치장한다 한들, 자신이 살아온 길을 다 덮을 수는 없는 법이다. 또한 문장이 완성되어 있다고 해서 그걸로 끝이 아니다. 글로는 전해지지 않는 것을 전달함으로써 비로소 청중을 감동시킬 수 있다.

013
재능이 넘쳐도
인덕이 갖춰지지 않으면 소용없다

德者才之主, 才者德之奴.
덕 자 재 지 주   재 자 덕 지 노

有才無德, 如家無主而奴用事矣. 幾何不魍魎而猖狂.
유 재 무 덕   여 가 무 주 이 노 용 사 의   기 하 불 망 량 이 창 광

덕은 재주의 주인이고, 재주는 덕의 종이다.

재주만 있고 덕이 없으면 주인 없는 집에서 하인이 제멋대로 행동하는 것과 마찬
가지니, 어찌 기괴하고 미친 듯 날뛰지 않겠는가.

– 전집 139

　명선수가 꼭 명감독인 것은 아니다. 비단 야구에 국한된 이야기가 아니
라, 스포츠의 세계에서는 자주 언급되는 말이다. 뛰어난 재능으로 훌륭한
성적을 남긴 선수도 막상 감독이 되면, 마치 선수 시절의 빛나는 경력이
방해라도 하는 듯 선수들을 똑바로 이끌지 못하는 경우가 종종 있다.

　야쿠르트 시절 제자 중에 후루타 아츠야라는 선수가 있었다. 그는 2006
년부터 선수 겸 감독으로 뛰었지만 크게 실패했다. 2006년에는 어찌어찌
3위 자리를 차지했지만, 2007년에는 최하위로 떨어져 결국 스스로 사임
했다.

　그는 감독이 되자 내가 가르친 야구를 전면부정했다. 그는 내 뒤를 이

어 와카마츠 츠토무가 계승한 ID야구(데이터 야구)를 선호하지 않았고, 한 방을 중시하는 호쾌한 야구를 지향했다. 야쿠르트의 홈구장인 진구 구장이 작은 구장이다 보니, 한 방을 쳐낼 수 있을 만한 선수를 모으려고 했을 것이다. 하지만 선수들이 그를 따르지 않았다.

인덕은 재능의 주인이다. 재능이 넘쳐도 인덕이 갖춰지지 않으면, 주인 없는 집에서 하인이 제멋대로 구는 것과 같은 격이다.

아무리 명석한 두뇌와 넓은 시야를 갖추었다 해도, 선수를 움직이는 데는 인망과 신뢰가 필요하다. 포수로서의 신뢰와 감독으로서의 신뢰는 매우 다르다. 재능을 잘 다루기 위해서 가장 먼저 필요한 것은 바로 인품이다.

014
사람은 죽어도
그 정신은 후세에 계승된다

事業文章, 隨身銷毀, 而精神万古如新.
_{사 업 문 장   수 신 소 훼   이 정 신 만 고 여 신}

功名富貴, 逐世轉移, 而氣節千載一日.
_{공 명 부 귀   축 세 전 이   이 기 절 천 재 일 일}

君子信不當以彼易此也.
_{군 자 신 부 당 이 피 역 차 야}

사업이나 학문은 그 사람이 죽으면 사라지지만 정신은 영원히 새롭게 다시 태어
난다.

공명과 부귀는 시대의 흐름에 따라 가치가 변하지만, 기개는 결단코 변하는 일이
없다.

그러므로 군자는 진실로 고귀한 정신과 기개를 공명이나 부귀와 맞바꾸어서는
안 된다.

– 전집 147

사업이나 학문은 그것을 이루어 낸 사람이 죽으면 함께 사라져 버린다.
하지만 정신은 그 사람이 죽어도 후세에 계승된다. 명예와 부는 시대의
흐름에 따라 가치가 변하지만, 그 사람의 의지와 신념은 사라지는 일 없
이 후세에 전해지는 법이다.

'야구'라는 글자 앞에 팀이나 감독의 고유명사를 붙여 표현하는 경우가
종종 있다. '자이언츠(요미우리 자이언츠) 야구', '오치아이(오치아이 히로
미츠 감독, 현 주니치 드래건스 단장) 야구'처럼 말이다. 이러한 말은 각

팀과 감독의 정신을 표현하고 있는 거라고 생각한다.

개인적으로 인상 깊었던 것은 '자이언츠 V9 야구'로, 이는 9년 연속 (1965 ~ 1973년) 일본시리즈 우승을 달성한 요미우리 자이언츠의 야구 스타일을 일컫는 말이다. 팀을 이끌어 가는 감독으로서 이상적인 모델로 삼기도 했다. 1번 시바타 이사오, 2번 도이 쇼조, 3번 나가시마 시게오, 4번 오 사다하루(왕정치)로 이어지는 스타 플레이어와 이를 적재적소에 배치한 타순. 1점을 뽑아내기 위해 자신을 희생하며 사력을 다하는 선수들, 통쾌하고 화려한 플레이와 스타성을 겸비한 나가시마, 그리고 오의 호쾌한 홈런포까지.

요미우리는 오랜 기간 이 스타일을 이상적인 야구로 삼아 왔다. V9을 달성한 카와카미 테츠하루 감독, 요미우리의 야구를 더 이상 '카와카미 야구'라고 말하지 않는다 해도, 지금도 그가 남긴 정신은 끊임없이 살아 숨쉬고 있다.

승리란, 사업이나 학문과 같아 한순간에 잃을 수도 있다. 감독으로서의 명성 역시 팀의 성적에 따라 바뀌기 마련이다. 그렇기에 더더욱 '내 야구는 이런 것이다'라는 정신을 지녀야 한다. 내가 입이 닳도록 절차를 강조하는 것도 바로 이 때문이다.

015
눈에 띄지 않는 작은 일에서부터 덕을
쌓으면 언젠가 더 큰 이익이 되어 돌아온다

謝事當謝於正盛之時. 居身宜居於獨後之地.
_{사 사 당 사 어 정 성 지 시   거 신 의 거 어 독 후 지 지}
謹德須謹於至微之事. 施恩務施於不報之人.
_{근 덕 수 근 어 지 미 지 사   시 은 무 시 어 불 보 지 인}
가장 정점에 있을 때 물러날 줄 알아야 하고, 서로 빼앗고 다툴 일이 없는 곳에
처신해야 한다.
덕을 행할 때는 지극히 사소한 일부터 하고, 은혜를 갚을 처지가 못 되는 사람에
게는 더욱 은혜를 베풀어야 한다.

– 전집 154

'장님이 천 명이면 눈 뜬 이도 천 명'이라는 속담이 있다. 세상에는 사리
에 밝은 사람도 많고 어두운 사람도 많다는 의미다. 나는 이 속담을 굉장
히 좋아한다. 세상에는 나를 지켜봐 주고 알아주는 이가 반드시 있다는
의미와도 통하기 때문이다.

나는 1977년 난카이의 선수 겸 감독직에서 해임된 이후, 롯데 오리온스
(현 지바 롯데 마린스, 이하 롯데)와 세이부 라이온스(현 사이타마 세이부
라이온스, 이하 세이부)에서 3년간 현역 생활을 한 후 은퇴했다.

은퇴 후 평론가, 해설자로 활동하며 그 누구에게도 뒤지지 않을 만한

나만의 야구 이론을 정립하겠다고 다짐했다.

텔레비전 화면에 스트라이크존을 아홉 개로 나누어 해설하는, 일명 '노무라 스코프'를 제안한 것도 이 무렵으로, 투수가 다음에 어떤 공을 던질지 예측하고, 그 근거를 설명하면 시청자도 쉽게 이해할 수 있을 거라는 아이디어에서 착안한 것이다. 또 신문 평론에서는 공 한 개마다 변할 수밖에 없는 투수와 타자의 심리를 중점적으로 논했다. 이처럼 내 야구 이론을 전달할 더 좋은 수단이 없을까 고민하던 중 야쿠르트 구단으로부터 감독 제의를 받게 되었다.

일반 팬이라도 쉽게 이해할 수 있을 만한 아이디어를 고안하고, 그것을 기반으로 보다 좋은 이론을 만들어 나가려고 노력했더니 새로이 나를 원하는 구단을 만날 수 있게 된 것이다.

현대사회는 눈에 보이는 이익만을 추구하는 사람들이 대부분이지만, 조금 멀리 돌아가더라도, 세간의 주목을 끌지 못하더라도, 끊임없이 나다움을 추구하다 보면 그것이 언젠가 몇 배의 이익이 되어 돌아오게 될 것이다.

016
인내의 힘을 믿어라

語云, 登山耐側路, 踏雪耐危橋. 一耐字極有意味.
어 운 등 산 내 측 로 답 설 내 위 교 일 내 자 극 유 의 미

如傾險之人情, 坎坷之世道, 若不得一耐字撐持過去,
여 경 험 지 인 정 감 가 지 세 도 약 부 득 일 내 자 탱 지 과 거

幾何不墮入榛莽坑塹哉.
기 하 불 타 입 진 망 갱 참 재

옛말에 '산에 오를 때는 험한 비탈길을 인내해야 하고, 눈길을 걸을 때는 위험한
다리를 인내해야 한다'고 하였는데, '耐(견딜 내)'란 글자는 참으로 깊은 뜻이 담
긴 말이다.

험한 인정과 순탄치 않은 세상살이 속에서 '耐(견딜 내)' 한 글자 굳게 지켜 나가
지 못한다면, 어찌 가시덤불과 구렁텅이에 빠지지 않을 수 있겠는가.

- 전집 179

산길을 오를 때든, 한겨울 눈길을 걸을 때든, 한 걸음 한 걸음 차분히
걸어야 한다.

나는 '하나'라는 단어를 좋아한다. 야구라는 스포츠는 공 하나에 승부가
갈리는데, 승부란 수많은 공 하나하나가 쌓여 완성되는 것이다. 무슨 일
이든 꾸준히 쌓아 올린다는 것은 매우 힘든 것이며, 이를 버텨 낼 수 있는
인내가 필요하다.

인간관계도 마찬가지다. 세상에 착한 사람이 있으면 나쁜 사람도 있기
마련이고, 사람으로 태어난 이상 좋든 싫든 그 안에서 살아가야 하는 법

이다. 때문에 인간관계에 있어서도 인내는 꼭 필요한 요소라고 생각한다.

야구는 단체경기인 만큼 팀 안에서 서로 마음이 잘 맞는 사람이 있는가 하면 그렇지 않은 사람도 있다. 그래도 연계 플레이를 할 때는 서로 목청 껏 소리 지르며, 상대가 다음 플레이로 연결하기 편한 곳으로 공을 던져 줘야 한다. 인간관계의 호불호를 떠나 '승리'라는 목표를 향해 단결해야 하는 것이다. 사람은 혼자서는 살아갈 수 없으며, 인생이란 타인과의 관계에서 비로소 완성되는 법이다.

인내심을 잊고 자기중심적으로 행동하는 사람이 있다. 나는 그런 식으로 가시덤불 속에서 헤매다 구렁텅이에 빠져 버린 사람을 여럿 보았다.

017
실패의 근거,
질책의 근거를 확인하라

持身不可太皎潔, 一切汚辱垢穢, 要茹納得.
지 신 불 가 태 교 결   일 체 오 욕 구 예   요 여 납 득
與人不可太分明, 一切善惡賢愚, 要包容得.
여 인 불 가 태 분 명   일 체 선 악 현 우   요 포 용 득

몸가짐에 있어 결벽이 지나쳐서는 안 된다. 더러움과 불결함도 받아들일 수 있어
야 한다.
사람을 사귈 때는 호불호가 지나쳐서는 안 된다. 착한 사람, 나쁜 사람, 똑똑한
사람, 어리석은 사람을 모두 포용할 수 있어야 한다.

– 전집 185

　세상을 잘 헤쳐 나가기 위해서는 결벽이 지나쳐서는 안 된다. 더러움과
불결함도 모두 받아들일 수 있는 넓은 마음을 가져야 한다. 인간관계에
있어서는 좋고 싫은 감정을 지나치게 드러내서는 안 된다, 착한 사람, 나
쁜 사람, 똑똑한 사람, 어리석은 사람을 모두 받아들이는 포용력이 필요
하다.
　나는 '호불호로 선수를 기용하는 감독은 형편없는 지휘관'이라고 늘 주
장해 왔다. 나 역시도 현역 시절에 이런 경험을 했다. 미움을 받아 시합에
못 나간 선수는 말할 것도 없고, 감독의 편애로 시합에 나간 선수 역시 제

대로 성장할 수 없다.

감독 시절, 시합 도중이나 시합이 끝난 후 선수를 꾸짖는 경우도 많았지만 결코 호불호에 기인한 것은 아니었다. 내가 하는 질책은 주로 실패의 근거를 묻는 것이었기 때문에, 질책에도 그에 상응하는 근거가 필요했다.

야구는 체격 좋고 힘센 선수를 9명 모았다고 해서 반드시 이길 수 있는 스포츠가 아니라는 점에서 참으로 훌륭하다고 할 수 있다. 체구가 작아도 발이 빠르거나 요령이 좋으면 된다. 민첩하지 못해도 영리하거나 예리한 판단력이 있으면 충분히 대처할 수 있다. 스피드가 부족하면 힘이 있으면 되고, 완투할 체력이 없어도 결정구만 있으면 구원투수로 대성할 수 있다.

018
훌륭한 상사에게는
혼나는 편이 낫다

寧爲小人所忌毀, 毋爲小人所媚悅.
녕 위 소 인 소 기 훼   무 위 소 인 소 미 열
寧爲君子所責修, 毋爲君子所包容.
녕 위 군 자 소 책 수   무 위 군 자 소 포 용

하찮은 사람에게 미움과 욕을 먹을지언정, 그들에게 아첨 받는 일은 없도록 해야
한다.
훌륭한 사람에게 질책과 가르침을 받을지언정, 그들이 너그러이 봐주는 상대는
되지 않도록 해야 한다.

– 전집 189

하찮은 사람에게 아첨이나 아부를 받느니 미움 받는 게 낫다. 훌륭한 사
람에게는 눈 밖에 나서 관대한 취급을 받는 것보다 질책을 받는 게 낫다.

마치 관리직의 마음가짐을 나타내는 듯한 구절이다. 전자는 부하를 대
하는 자세고, 후자는 상사를 대하는 자세로 보면 이해하기 쉬울 것이다.

별 볼 일 없는 부하에게는, 미움 받는다 하더라도 자신의 신념을 관철
해야 한다. 신념을 굽히고 부하의 응석을 받아 주다 보면 업무에서 좋은
결과를 낼 수 없다.

한편 훌륭한 상사나 가까이 해서 손해는 보지 않겠다고 생각되는 상사

가 있다면, 그들의 호통에 솔직하게 귀를 기울여야 한다. 자신이 혼난 이유와 책임을 명확히 이해하고 반성한 후, 앞으로 더욱 분발할 수 있는 밑거름으로 삼으면 된다. 눈 밖에 나 아무런 훈계도 받지 않거나, 오히려 관대한 취급을 받는다면, 이는 상사가 당신을 쓸모 있는 인재라고 생각하지 않는다는 증거다.

내 경험을 빌려 말하자면, 아첨해 오는 부하한테는 장래성이 보이지 않는다. 감독인 나를 싫어하는 건 아무래도 좋지만, 그래도 비뚤어지지 않고 '어떻게든 감독님이 날 다시 보게 만들겠어!'라며 분발하는 선수 쪽이 훨씬 장래성이 있다고 생각한다.

내가 엄하게 대했던 선수 역시 그런 부류의 선수였다. 라쿠텐에서 지도했던 투수 이와쿠마 히사시도 그중 한 명인데, "어깨가 약하니 자꾸 마운드에서 내려가겠다는 말만 한다"고 공식 석상에서 일부러 언급했다. 이 말에 자극을 받아 그는 이후 더 분발했다.

019
성공하려면 유연한 사고방식을
가져야 한다

建功立業者, 多虛圓之士.
건공입업자 다허원지사
僨事失機者, 必執拗之人.
분사실기자 필집요지인

큰 공로나 업적을 이룬 사람은 대개 겸허하고 원만한 사람이다.
일을 그르치고 기회를 놓치는 사람은 대개 집요하고 편협하며 고집스러운 사람
이다.

– 전집 194

성공하는 사람은 매사에 얽매이지 않고 겸허하며 기지를 발휘할 줄 아
는 사람이다. 실패하는 사람은 매사에 집착하고 고집이 세며 융통성이 없
는 사람이다. 타인의 말에 귀를 기울일 줄 아는 겸허함이야말로 프로로
성공하기 위해 가장 필요한 요소라고 생각한다.

야쿠르트에서 19년간 뛴 미야모토 신야라는 선수가 있다. 그가 막 입단
했을 무렵, "자네 같은 타입은 배트를 당겨 쳐 봤자 큰 안타로 연결이 안
되니, 오른쪽으로 밀어 쳐서 땅볼을 만들게"라고 조언한 적이 있다. 당시
미야모토는 '일단 시합에 나가는 것이 중요하니까 감독님 지시대로 해보
자. 시합에 못 나가면 아무 소용 없으니까'라고 생각했다고 한다.

내가 퇴임한 후, 미야모토는 나카니시 후토시 씨의 지도를 받았는데, 밀어치기 타격의 완성도를 높이기 위해 무릎을 사용하며, 몸쪽부터 배트를 내는 '인사이드 아웃 스윙(배트를 짧게 잡고 공을 투구 방향과 반대쪽으로 치려는 스윙. 팔꿈치를 상체에 붙여 방망이 머리가 안에서 밖으로 나가듯이 스윙한다)'을 익혔다. 그러자 타율이 상승했고, 내가 기대했던 수비 전문 요원에서 벗어나 3할 타자가 되었다. 나중에는 2,000안타를 달성하여 명구회名球會(일본 프로야구 및 메이저리그에서 일정 수준 이상의 성적을 기록한 현역 선수나 은퇴 선수를 위한 사적기관)에도 입성했다.

적어도 한 번은 타인의 조언을 겸허히 받아들여 보자. 그리고 그 조언을 자기 나름대로 곱씹어 보고, 만약 맞지 않는다 싶으면 조금씩 조정해 본다거나, 아니면 완전히 바꿔 시도해 보자.

성공하는 사람은 이런 유연한 사고방식을 지니고 있다.

020
나이는 숫자에 불과하다

日既暮而猶烟霞絢爛, 歲將晩而更橙橘芳馨.
일 기 모 이 유 연 하 현 란   세 장 만 이 갱 등 귤 방 형

故末路晩年, 君子更宜精神百倍.
고 말 로 만 년   군 자 갱 의 정 신 백 배

태양이 저물어도 저녁노을은 아름답게 빛나고, 한 해가 저물어 가도 감귤은 그윽한 향기를 풍긴다.

그러므로 군자는 인생의 후반부에 더욱 정신력을 발휘해야 한다.

- 전집 196

태양이 지평선 너머로 저문 후에도, 하늘은 선명한 노을빛으로 물들곤 한다. 한 해가 저물어 가려고 할 때도, 감귤은 그윽한 향기를 풍긴다. 인생의 황혼기에 접어들어도 기력을 충실히 쌓아 두었다면 충분히 많은 것을 해낼 수 있다.

내 나이도 어느덧 여든이 다 되어 간다. 그래도 여전히 메이저리그 감독을 꿈꾸고 있다. 주위 사람에게는 "야구 감독은 목 아래로는 필요 없어. 이것만 있으면 나이가 몇이든 할 수 있지"라고 머리를 가리키며 말하곤 한다. 머리, 눈(시력이 아닌 넓은 시야), 그리고 입(말의 힘)만 있으면 충분하다.

라쿠텐 감독직에서 물러났을 때, 내 나이는 일흔넷이었다. 감독을 맡은

지 5년째가 되던 해, 구단은 나이가 많다는 이유로 계약을 연장해 주지 않았지만 나는 충분히 해낼 자신이 있었다. "돌 위에서 3년, 눈바람 5년(참고 견디면 복이 온다는 뜻)이라는 말도 있지 않습니까. 1년만 더 하게 해주십시오"라고 구단에 호소해 보았지만 끝내 받아들여지지 않았다.

메이저리그 최고령 감독은 88세의 코니 맥이며, 최근에는 2005년까지 말린스를 이끌었던 80세의 잭 맥키언이 2011년 시즌 도중 감독대행으로 복귀한 적이 있다. 그는 1999년과 2003년 최우수 감독에 선정된 명장이기도 하다.

두 사람 모두 현역 시절 포수였고, 나 역시 마찬가지다.

021
경험을 쌓아 풍부해지는 것이야말로
프로의 조건이다

桃李雖艶, 何如松蒼栢翠之堅貞.
도 리 수 엽   하 여 송 창 백 취 지 견 정

梨杏雖甘, 何如橙黃橘綠之馨冽.
리 행 수 감   하 여 등 황 귤 록 지 형 렬

信乎濃夭不及淡久, 早秀不如晚成也.
신 호 농 요 불 급 담 구   조 수 불 여 만 성 야

복숭아나 자두의 꽃이 고울지언정, 어찌 푸른 소나무, 잣나무의 강인함에 견줄
수 있겠는가.
배와 살구가 달지언정, 어찌 노랗고 푸른 감귤의 향과 상쾌함에 견줄 수 있겠는가.
제아무리 곱다 한들 일찍 시드는 것은 담담히 오래 가는 것만 못하며, 조숙은 만
성에 비견할 바 못 된다.

- 전집 221

복숭아나 자두 꽃은 매우 곱지만 소나무와 같은 상록수에는 견줄 수 없
다. 배나 살구는 달콤한 향기를 풍기지만, 감귤의 향과 상쾌함에는 견줄
수 없다. 이는 겉모습이 아닌, 그것이 지닌 색이나 향을 얼마나 오래도록
즐길 수 있는가 하는 문제를 말하는 것이다. 아름다움과 달콤함처럼 지나
치게 강렬한 특징은 정점이 길게 지속되지 않는다는 의미로 나는 이해하
고 있다.

조숙은 만성에 비견할 바 못 된다.

하지만 프로야구의 세계에서는 설령 대기만성형 선수라고 하더라도, 싹이 틀 때까지 한가로이 기다려 주지 않는다. 적어도 3, 4년 안에는 1군에서 뛸 실력을 갖추어야 하고, 그런 가운데 자신의 특징을 어필하여, 프로선수로서 살아남아야 하는 게 첫 번째 관문이다.

프로야구에서 말하는 대기만성이란, 나이가 든 후에 또다른 타이틀을 획득하는 선수에게 쓰는 말이다. 이 말이 의미하는 것은 대기만성형 선수란 연륜과 함께 통찰력과 관찰력이 더해져 투구와 타격, 수비, 주루에 응용해 나가는 선수라는 뜻이다. 미야모토 신야가 처음 베스트 9(각 포지션별 최고 선수)에 선정된 것은 2011년, 그의 나이 41세 때였다.

시간이 흐를수록 더욱 그윽해지는 과일향과 꽃의 색처럼, 업무에서 말하는 만성이란 '경험을 쌓아 풍부해지는 것'을 말하는 것이 아닐까.

022
짧은 인생에서 싸워 이겨야 할 대상은
타인이 아니라 자신이다

石火光中, 爭長競短, 幾何光陰.
_{석 화 광 중   쟁 장 경 단   기 하 광 음}

蝸牛角上, 較雌論雄, 許大世界.
_{와 우 각 상   교 자 논 웅   허 대 세 계}

인간의 일생은 부싯돌에 불꽃이 이는 찰나의 순간이거늘, 그 인생이 길고 짧다
한들 그 차이가 얼마나 되겠는가.

이 세상은 달팽이의 더듬이만큼이나 좁은 곳이거늘, 그 안에서 서로 잘났다고 겨
룬들 그 세상이 얼마나 크겠는가.

- 후집 13

부싯돌에 불꽃이 이는 찰나의 순간 속에서 우열을 가리는 것. 달팽이의
더듬이만큼이나 좁은 세상 속에서 승부를 겨루는 것. 그것에 어떤 의미가
있는 것일까 하는 질문에 쉽사리 결론이 나오지 않는다. 현재 일본의 교
육이나 육아 트렌드는 '여유'를 우선하고 경쟁을 배제하는 세태가 만연해
경쟁력이 떨어진 것도 일정 부분 사실이라고 생각한다.

긴 세월 승부의 세계에 몸담고 있다 보니, 경쟁이나 승부가 얼마나 사
람을 성장시키는지 뼈저리게 잘 알고 있다. 그렇기에 더욱 이러한 세태에
의문을 가지게 되었다.

다만 착각해선 안 되는 것은, 짧은 삶 속에서 싸워 나가야 할 대상은, 남이 아니라 바로 자신이라는 것이다. 이것마저 잊어버려서는 안 된다.

편해지고 싶은 것은 인간의 본능이다. 괴로울 때, 곤경에 처했을 때는 더 말할 것도 없다. 이 본능이란 녀석이 얼굴을 내밀고 자기 좋을 대로 생각하게 만들어 버리기 때문이다.

그렇기 때문에 괴로울 때나 곤경에 처했을 때야말로, 멈춰 서서 다시 한 번 생각해 볼 필요가 있다. 편해지고 싶다는 본능에 맞서 자신이 취해야 할 행동이 무엇인지 생각해 보는 것이다. 그렇게 한다면 '부싯돌에 불꽃이 이는 찰나의 순간'을 충실하고 알찬 시간으로 바꿀 수 있을 것이다.

023
권력에 아첨하는 사람은
타인의 성쇠에 인생이 좌우된다

趨炎附勢之禍, 甚慘亦甚速.
추 염 부 세 지 화　심 참 역 심 속
棲恬守逸之味, 最淡亦最長.
서 념 수 일 지 미　최 담 역 최 장

권력자에게 아첨하다 초래된 재앙은 비참하고, 추락 또한 쏜살같다.
욕심 없이 평온하게 살고자 하면 담백하며 오래갈 것이다.

－ 후집 22

　권력자에게 아첨하는 사람은 권력자의 성쇠에 자신의 인생이 좌우되기 마련이다. 물론 자신의 인생에 욕심을 가지는 것은 좋다. 하지만 내 경험에 비추어 볼 때, 수많은 욕심 중 권력욕만은 버리는 것이 좋다고 생각한다.

　1977년 가을, 난카이의 감독직에서 해임되고 기자회견을 하며 "프로야구의 세계에도 정치가 있는 줄 몰랐다"고 말한 적이 있다. 당시 난카이의 원로였던 츠루오카 카즈토 씨와 그의 일파로부터 미움을 사, 내 사생활 문제를 빌미로 해임당했기 때문이다.

　그 이후, 나는 되도록이면 권력과는 거리가 먼 곳에서 일을 하려고 노력해 왔다. 은퇴 후, 그 누구도 하지 못할 야구 평론을 확립하겠노라고 결심한 것도 남에게 내 인생을 맡기는 게 싫었기 때문이다. 나 자신의 힘으로 헤쳐 나가고, 살아가겠다고 다짐했기 때문이다.

나는 적어도 야구에 관해서는 프로이고, 현역 시절 뛰어난 성적도 남겼다. 은퇴 후에는 나만의 야구 이론을 말과 글로 정리하여 더욱 갈고닦아 나가고자 노력해 왔다. 그러자 많은 독자와 시청자가 나의 평론 및 해설을 좋아해 주었고, 마침내 야쿠르트의 소마 카즈오 구단 사장으로부터 "우리 선수들에게 노무라 씨의 야구를 철저히 주입시켜 주십시오"라며 간곡한 부탁을 받게 되었다.

그 제안을 받고 내가 꺼낸 첫마디는 "왜 저죠? 전 퍼시픽리그(센트럴리그와 함께 일본 프로야구의 양대 리그 중 하나) 사람입니다만?"이었다. 하지만 나에게 있어서는 인맥, 특히 난카이라는 작은 그릇 속의 권력 투쟁에서 빠져나오길 잘했다고 확신하게 된 순간이기도 했다.

024
겁쟁이는 겁을 내는 탓에
자신의 속셈을 간파 당한다

機動的, 弓影疑爲蛇蝎, 寢石視爲伏虎, 此中渾是殺氣.
기 동 적 궁 영 의 위 사 갈 침 석 시 위 복 호 차 중 혼 시 살 기

念息的, 石虎可作海鷗, 蛙聲可當鼓吹, 觸處俱見眞機.
염 식 적 석 호 가 작 해 구 와 성 가 당 고 취 촉 처 구 견 진 기

마음이 동요되면 활 그림자가 뱀처럼 보이고, 널브러져 있는 돌이 호랑이가 엎드린 형상으로 보이니, 이것에는 모두 살기가 어려 있다.

마음이 안정되면 사나운 호랑이도 갈매기처럼 얌전히 길들일 수 있고, 시끄러운 개구리 울음소리도 아름다운 음악소리로 들리니, 대하는 모든 것에서 참된 기운을 볼 수 있다.

– 후집 48

나는 늘 선수들에게 마운드나 타석에 설 때, 또는 포수로서 사인을 낼 때, 공포심을 극복하는 게 중요하다고 가르쳐 왔다.

'다음에 던질 공이 타자가 노리던 공이면 어쩌지?', '치기 어려운 몸쪽 공이 들어오면 어쩌지?', '내 볼 배합이 간파 당했나?' 등등. 선수들은 항상 이러한 공포심에 사로잡혀 제 실력을 제대로 발휘하지 못하곤 한다. 그런데 실제로는 공포심을 품고 있는 선수가 그 마음을 읽혀 상대의 술수에 빠져 버리는 경우가 많다. 겁쟁이는 겁부터 내는 탓에 속셈이 읽히는 것이다.

마음이 안정된 사람의 입장에서 보면, 상대의 얼굴이나 태도에서 드러나는 동요의 빛을 보고 무엇을 두려워하고 있는지 판단하면 되기 때문에 대처하기도 쉬워진다. '커브를 쳐 내니 동요하는군. 그럼 직구를 노려야겠다', '무조건 안타를 치겠다는 얼굴이네. 그럼 볼로 헛스윙을 유도해야지' 등등.

남에게 동요하는 모습을 보여서 좋을 건 하나도 없다.

025
얽매임에서 벗어나면
생각이 자유로워진다

花居盆內, 終乏生機, 鳥入籠中, 便減天趣,
화 거 분 내　종 핍 생 기　조 입 롱 중　변 감 천 취

不若山間花鳥, 錯集成文, 翶翔自若, 自是悠然會心.
불 약 산 간 화 조　착 집 성 문　고 상 자 약　자 시 유 연 회 심

아름다운 꽃도 화분 속에 가두어 두면 생기를 잃고, 새장 속에 갇힌 새는 자연의
멋을 잃으니,
산속의 꽃과 새가 서로 어우러져 조화를 이루고, 자유롭게 비상하여 절로 편안히
마음에 들어오느니만 못하다.

– 후집 55

꽃은 화분에 심으면 점점 생기를 잃어 간다. 새도 새장 속에 있으면 야
생성을 잃고 만다. 인간관계의 얽매임에서 벗어나면 생각이 자유로워진
다. 그 누구도 흉내 내지 못할 야구 평론을 확립하겠노라고 다짐했을 때,
나는 그 어떤 것에도 구속 받지 않는 존재였다.

은퇴한 후 평론가로 일하게 된 1981년은 특급 신인 하라 타츠노리(현
요미우리 자이언츠 감독)가 요미우리에 입단한 해이기도 했다. 하라의 타
격에 대해 평론해 주었으면 한다는 요청을 받고, 미야자키에 있는 요미우
리 캠프로 취재를 갔다.

하라의 타격 연습을 본 후 어떤 내용을 쓸지 기자와 회의하면서, 나라면 공 두 개로 하라를 요리할 수 있다고 말했다. 먼저 초구는 몸쪽으로 던져 무게 중심을 위로 이동하게 만든 후 정중앙에서 바깥쪽으로 떨어지는 변화구를 던질 것. 그렇게 하면 십중팔구, 내야 땅볼로 잡아낼 수 있을 거라고 말이다. 공 세 개라면, 초구에 바깥쪽으로 낮은 직구를 던지면 된다.

"바로 그거야!"

내 설명을 들은 기자의 눈이 반짝였다.

나는 줄곧 오사카에서 선수 생활을 했고, 도쿄로 온 지 3년 만에 현역에서 은퇴했기 때문에, 요미우리 중심인 관동 지역의 야구 중계나 신문 보도에 물들어 있지 않았다. 뿐만 아니라 요미우리에 인맥도 없었거니와 권력욕도 없었다.

얽매임이 없었기에 그 누구보다도 자유롭게 머리에 떠오른 것을 그대로 평론에 담아 낼 수 있었고, 그러다 보니 어느 샌가 '노무라의 평론은 뭔가 다르다'는 말을 듣게 되었다.

026
목표가 수단을 낳는다

以我轉物者, 得固不喜, 失亦不憂, 大地盡屬逍遙.
<small>이 아 전 물 자　독 고 불 희　실 역 불 우　대 지 진 속 소 요</small>
以物役我者, 逆固生憎, 順亦生愛, 一毛便生纏縛.
<small>이 물 역 아 자　역 고 생 증　순 역 생 애　일 모 변 생 전 박</small>

자신이 주체가 되어 세상을 움직이는 사람은, 얻어도 기뻐하지 아니하고, 잃어도
또한 걱정하지 않으니, 이는 온 대지가 자신이 다니며 노니는 곳이기 때문이다.
반면 사물이 주체이고 그에 끌려다니는 사람은, 역경에 놓이면 남을 원망하고,
뜻대로 이루어지면 집착하게 되니, 사소한 것에서 얽매임이 생겨나기 때문이다.

- 후집 95

　자신만의 사고방식이나 신념이 확고한 사람은 성공했다고 교만하지 않
고, 실패했다고 끙끙대지도 않는다. 그렇기에 한곳에 얽매이지 않고 앞
으로 나아갈 수 있는 것이다. 타인과 환경에 자신의 인생을 맡긴 채 살아
가다 보면 괴롭고 힘들 때는 주위를 탓하게 되고 작은 성공에만 집착해
유연함을 잃게 된다.

　결국 마지막으로 의지할 데는 자신뿐이라는 걸 누구나 알고 있지만, 자
기 자신을 갈고닦아 나가기란 여간 어려운 게 아니다. 타인의 의견에 휘
둘리고, 지시에 따르는 편이 오히려 인생을 편하게 보낼 수 있기 때문일
것이다.

　'감독은 날 싫어해. 그러니까 날 기용할 리 없어.'

'왜 저 녀석만 기용하는 거지? 감독은 사람 보는 눈이 없어.'

프로야구의 경우, 의외로 한때 유명했던 선수가 이런 말을 하는 경우가 많다. 예전과 달리 생각만큼 경기가 잘 풀리지 않을 때 그 원인을 자신에게서 찾지 못하고 결국 자신이 아닌 타인과 환경을 탓하는 것이다.

나는 이런 사람이 되고 싶다, 이런 선수가 되고 싶다….

누구나 '이상적인 자신'의 모습을 마음에 품고 있을 것이다. 하지만, 한때의 성공이 높았던 이상을 흐리게 하고, 결국에는 그 이상을 잃게 만든다.

이상을 잃지 않기 위해서는 항상 자신만의 목표를 가져야 한다.

목표가 수단을 낳는다. 이것을 잊어서는 안 된다.

027
행복과 불행, 삶과 죽음은
이어져 있다

遇病而後思强之爲寶, 處亂而後思平之爲福, 非蚤智也.
우 병 이 후 사 강 지 위 보   처 란 이 후 사 평 지 위 복   비 조 지 야
倖福而知其爲禍之本, 貪生而先知其爲死之因, 其卓見乎.
행 복 이 지 기 위 화 지 본   탐 생 이 선 지 기 위 사 지 인   기 탁 견 호
병든 뒤에야 비로소 건강의 소중함을 깨닫고, 전쟁이 나야 비로소 평화의 행복을
깨닫는 것은 선견지명이라고 할 수 없다.
행복을 바라면서도 그것이 곧 불행의 원인임을 알고, 장수를 바라면서도 그것이
곧 죽음의 원인임을 깨우치는 것이야말로 탁견이다.

- 후집 99

　병든 뒤에야 비로소 건강의 소중함을 깨닫고, 전쟁이 나야 비로소 평화
의 행복을 깨닫는다면, 이는 벼룩의 지혜와 다를 게 없다. 행복을 바라면
서도 그것이 불행의 원인임을 알고, 열심히 인생을 살아가면서도 언젠가
죽음이 찾아올 것을 아는 것이 바로 탁견이라 할 수 있다. 하지만 끝을 직
시하며 살아간다는 것은 결코 쉬운 일이 아니다.

　"선수 생명은 언젠가 끝나기 마련이니 야구를 그만둔 후의 인생을 고민
해 보도록 해."

　미팅 때마다 입이 닳도록 선수들에게 했던 말이다. 은퇴 후에도 야구로 먹

고 살고 싶다면 누구나 인정할 만한 야구박사가 되라고 했고, 은퇴 후에 코치나 감독이 되고 싶다면 언변을 갈고닦는 것도 중요하다고 조언해 왔다.

세월 앞에 장사 없다. 프로야구 선수는 어느 날 갑자기 전력 외 통보를 받는 경우가 있다. 시력이나 체력은 서서히 조금씩 떨어지는 것이 아니라 한순간에 급격히 나빠진다. 나의 경우는 마흔 살 전후로 헛스윙이 눈에 띄게 늘었다.

느닷없이 찾아오는 변화에 대비하는 건 어려운 일이지만, '야구 인생은 언젠가 끝나기 마련'이라는 것을 미리 인지하는 것만으로도 미래에 대한 대비가 가능하다. 삶의 모든 면에 있어 이와 같은 마음가짐으로 임해야 할 것이다.

028
끈기 있게 노력해 기회가 무르익기를
기다려라

繩鋸木斷, 水滴石穿, 學道者須加力索.
<small>승 거 목 단   수 적 석 천   학 도 자 수 가 력 색</small>

水到渠成, 瓜熟蒂落, 得道者一任天機.
<small>수 도 거 성   과 숙 체 락   득 도 자 일 임 천 기</small>

먹줄도 쓸리다 보면 나무가 베이고, 물방울도 오래도록 떨어지면 돌을 뚫는다.
배우고자 하는 사람은 모름지기 이와 같이 노력해야 한다.
물이 흐르면 도랑이 되고, 오이가 익으면 꼭지가 떨어진다. 깨달음을 얻고자 하
는 사람은 모름지기 자연의 흐름에 모든 것을 맡겨야 한다.

- 후집 110

　낙숫물이 댓돌을 뚫는다. 즉, 끈기 있게 계속 노력하라는 뜻이다. 물이
흐르면 자연히 도랑이 생기기 마련이다. 즉, 기회가 무르익기를 기다리라
는 뜻이다. 이 두 가지는 성공에 반드시 필요한 것이다. 하지만 이 '노력'
과 '기다림'을 모두 겸비하기란 여간 어려운 일이 아니다. 흔히 사람들은
노력하는데도 자신에게 좀처럼 기회가 오지 않는다며 불평을 늘어놓는다.
　감독이나 구단 경영자에게 가장 필요한 덕목은 '노력하게 만드는 것'과
'기다림'이다. 그런데 요즘은 '기다림'이 없다.
　'감독 수명 3년'이 당연한 시대가 되었고, 선수 역시 2, 3년 만에 쫓겨나

는 것이 예삿일이 되었다. 예전에는 고졸 선수의 경우, 대졸 선수와 마찬가지로 구단에서 4년 정도는 돌봐 주는 것이 관례였다.

내가 난카이에 입단한 지 1년 만에 해고될 위기에 처했을 때, "성대하게 배웅해 준 고향 사람들 볼 면목이 없습니다. 야구를 그만두라고 하는 것은 제게 죽으라는 것과 같습니다. 차라리 난카이 전철에 뛰어들어 죽겠습니다"라고 구단에 협박 아닌 협박을 한 적도 있다.

시간이 지나 3년째 되던 해, 1군 하와이 캠프에 초청받게 되었고 프로에서 성공할 기틀을 다진 것도 그 무렵이었다. 스윙 연습이나 송구 연습을 하루도 거른 적이 없었고, 나 스스로도 노력 꽤나 했다고 생각했다. 설령 마지못해 기다려 주었다고 하더라도, 참고 기다려 준 구단에 감사할 따름이다.

스스로를 되돌아보고,
슬럼프의 원인을 찾는 것이 중요하다

　야구뿐만 아니라 스포츠에서는 부진에 빠져 성적이 올라오지 않는 것을 '슬럼프'라고 한다. 《채근담》에 슬럼프를 탈출하는 방법이 제시되어 있어 소개한다.

事稍拂逆, 便思不如我的人, 則怨尤自消.
사 초 불 역　　변 사 불 여 아 적 인　　즉 원 우 자 소
心稍怠荒, 便思勝似我的人, 則精神自奮.
심 초 태 황　　변 사 승 사 아 적 인　　즉 정 신 자 분
일이 여의치 않을 때는 나보다 못한 사람을 생각하라. 그리하면 원망하는 마음이 저절로 사라질 것이다. 마음이 나태해질 때는 나보다 나은 사람을 생각하라. 그리하면 저절로 분발하게 될 것이다.

– 전집 212

　일이 잘 풀리지 않을 때는 자신보다 어려운 처지에 있는 사람을 생각해 보고, 마음이 게을러질 때는 자신보다 뛰어난 사람을 생각해 볼 것. 자신보다 어려운 처지의 사람을 떠올리면 불만은 자연히 사라지고, 자신보다 뛰어난 사람을 생각하면 자연히 의욕이 솟아날 것이다.
　흥미로운 것은 같은 슬럼프여도 그 원인이 두 종류라는 것이다. 하나는

생각만큼 일이 풀리지 않는 경우이고, 다른 하나는 마음이 게을러지는 경우다.

스포츠나 일뿐만 아니라 살아가다 보면 사소한 것을 계기로 슬럼프에 빠지는 경우가 있다. 그때 무작정 발버둥칠 것이 아니라 슬럼프를 다시한 번 자신을 되돌아보는 기회로 삼을 수도 있다.

생각대로 일이 풀리지 않아 초조한 마음에 자기 자신을 잃어버린 건 아닌지, 아니면 피로가 쌓여 자신도 모르는 사이에 나태해진 마음을 깨닫지 못하고 있을 뿐인지….

자신보다 못한 사람보다 나은 사람을 보라며 해결책을 제시하고 있지만, 무엇보다 자기 자신을 되돌아보고 원인을 찾는 것이 중요하다는 가르침을 전하고 있는 구절이다.

나아가야 할 길이나 부진에서 벗어날 방법을 찾지 못하여 헤매고 있는 젊은이에게 인생 선배나 지도자가 해결책을 제시하는 것은 간단한 일이다. 하지만 근본적인 원인을 알지 못한다면, 그 사람은 또다시 헤매게 될 것이다. 그렇게 되지 않기 위해서는 헤매게 된 원인과 실패에 이르게 되는 과정을 재확인시켜 주어야 한다.

그런데 요즘 MVP 선수들이 인터뷰에서 이런 수상 소감을 종종 말하곤 한다.

"즐겁게 던질 수 있었습니다."

"저다운 타격을 할 수 있었습니다."

개인적으로 프로답지 못한 소감이라고 생각한다. 제 기량만 발휘하면 그걸로 끝이라는 건가?

자신의 만족을 위해 열심히 하는 것은 아마추어다. 프로는 자신이 아니라 팬들에게 기쁨과 만족을 주기 위해 노력해야 한다. 급여는 회사가 주는 것이 아니고, 바로 그 팬들이 주는 것이다.

성공 후 그 성취감에 젖는 것은 좋다. 하지만 단순히 해냈다는 사실만으로 기뻐한다면, 시험에서 좋은 성적을 받아 좋아하는 학생하고 다를 게 없지 않은가.

요즘 고교야구에서는 이를 훤히 드러내며 웃는 선수들의 모습이 자주 보인다. 웃으면 긴장 때문에 몸에 잔뜩 들어가 있던 힘이 빠지기 때문이라고 한다. 하지만 웃는 것보다 이를 악물고 열심히 하는 모습이 더 아름다운 경우도 있다. 나는 열심히 주어진 일에 매진하는 모습이야말로 인간의 가장 아름다운 모습이라고 생각한다.

그러므로 결과가 좋았다고 해서 "즐겁게 던질 수 있었습니다"라고 말하는 것은 그저 자기만족에 지나지 않는다. 안이하게 자기만족에 빠져 있는 사람은 십중팔구, 작은 성공밖에 거두지 못한다. 일을 즐기지 말라는 게 아니다. 다만 내가 말하고자 하는 것은 그 '정도'의 문제다. 웃으며 즐길 수 있을 정도의 일이라면, 보는 사람들에게 큰 환희와 감동을 주기 어려울 것이다.

슬럼프에 빠진 사람뿐 아니라 성공한 사람이라 하더라도, 어째서 그런 결과에 이르게 됐는지 되돌아본 뒤 다음 단계로 걸음을 내디뎌야 한다.

"인생에 모범답안은 없다.
직접 괴로워하고, 의심하고, 고심해 가며 답을 찾는 수밖에 없다."

2장

하루하루의 연습이
큰 차이를 만든다

029
정靜과 동動이 조화를 이루는 것이 바람직하다

好動者, 雲電風燈, 嗜寂者, 死灰槁木.
호 동 자   운 전 풍 등   기 적 자   사 회 고 목

須定雲止水中, 有鳶飛魚躍氣象, 纔是有道的心體.
수 정 운 지 수 중   유 연 비 어 약 기 상   재 시 유 도 적 심 체

움직이는 것을 좋아하는 사람은 구름 사이의 번개요 바람 앞의 등불이로다.

고요함과 안정을 좋아하는 사람은 다 타버린 재요 말라비틀어진 나무로다.

잔잔한 구름과 고인 물 속에서도 솔개가 날고 물고기가 날뛰는 기상이 있어야 하

며, 이것이 곧 도를 깨우친 사람의 마음이다.

- 전집 22

세상사란 대개 상대적이기 마련이다. 야구의 경우는 공격과 수비, 세이
프와 아웃, 스트라이크와 볼, 몸쪽 공과 바깥쪽 공, 높은 공과 낮은 공, 직
구와 변화구 등등. 이러한 것들이 서로 얽히고설켜 승패가 결정된다.

정靜과 동動 역시 마찬가지다. 활동하는 것을 좋아하는 사람은 구름 사
이의 번개, 바람에 흔들리는 등불과 같아 오래가지 못한다.

조용한 것을 좋아하는 사람은 재나 말라비틀어진 나무와 같아 생기가
없다.

잔잔한 구름 속에서 솔개가 비상하고, 고인 물 속에서 물고기가 뛰어오

르듯, 정과 동이 조화를 이루는 것이 바람직하다

소프트뱅크에서 메이저리그로 진출한 와다 츠요시라는 좌완 투수는 가부키의 여장 배우처럼 곱상한 얼굴에 호리호리하고 선이 얇은 인상의 청년이다. 그는 150킬로미터가 넘는 공을 던지는 강속구 투수가 아니라 기교파 투수다. 와다의 공은 쉽게 치기 어려운데 타자들에게 그 이유를 물으니, 공이 어디서 나오는지 잘 보이지 않아 타이밍을 맞추기 어렵기 때문이라고 한다.

와다는 와인드업을 할 때, 손목과 손이 왼쪽 팔꿈치에 가려져 있기 때문에 던지는 순간까지 공이 보이지 않는다. 타자는 투수의 손목을 보고 타이밍을 맞추는데, 그 손목이 보이지 않으니 타이밍을 맞추기 어려운 것은 당연지사. '정'의 상태에서 느닷없이 공이 날아오는 것이나 다름없다.

나는 정과 동을 겸비한 그의 독특한 투구 스타일을 보였다 갑자기 안 보이는, 일명 '까꿍 투구법'이라고 이름 지었다.

030
후회할지 후회하지 않을지,
행동하기 전에 미리 생각하라

飽後思味, 則濃淡之境都消, 色後思婬, 則男女之見盡絶.
포 후 사 미　　즉 농 담 지 경 도 소　　색 후 사 음　　즉 남 녀 지 견 진 절

故人常以事後之悔悟, 破臨事之癡迷, 則性定而動無不正.
고 인 상 이 사 후 지 회 오　　파 임 사 지 치 미　　즉 성 정 이 동 무 부 정

배불리 먹고 난 뒤에는 맛을 생각해도 맛의 담백하고 진하고의 구분이 없어지고,
관계를 맺은 뒤에는 음욕을 생각해도 남녀 사이에 대한 구분이 없어져 흥미가 사
라진다.
그러므로 사람은 항상 나중에 뉘우칠 후회의 본질을 깨닫고, 일에 임할 때의 어
리석음과 혼미함을 물리쳐야 한다. 그리하면 본성이 바로잡혀 잘못된 행동을 하
지 않게 될 것이다.

- 전집 26

배가 부르면 음식의 미묘한 맛의 차이를 느끼지 못하게 된다. 또 관계
를 맺은 후에는 다른 이성과 비교하고자 하는 의욕도 사라지기 마련이다.
그러므로 사람은 모든 일이 끝난 후에 이리저리 생각하기보다, 행동에 앞
서 후회할지 후회하지 않을지 고심한 후에 결단을 내려야 한다.
　내 야구는 준비, 실천, 반성의 3단계로 이루어져 있다. 이기든 지든 결
과에 상관없이 반성은 필요하며, 사람은 그 반성을 기반으로 성장해 가는
법이다.

하지만 몇 번이나 같은 실패를 반복하고 그때마다 반성을 되풀이하는 사람도 있다. 단순히 반성하는 것뿐이라면 서커스단의 원숭이라도 할 수 있다. 반성만 되풀이한다는 것은 준비가 부족하다는 반증이다. 준비가 부족한 사람들은 하나같이 상상력이 결여되어 있다.

그런 사람들은 식욕이든 성욕이든 일단 채워지기만 하면 그걸로 만족해 버리고, 순간의 만족에 빠져 그것이 정말 자신이 원하던 것이었는지는 생각하려 들지 않는다.

자신이 원하는 것이 무엇인지, 자신의 목표가 무엇인지, 자신의 미래 모습에 대한 상상력이 부족하기 때문에 명확한 목표를 갖지 못하는 것이다.

선수들에게 프로에 들어오는 게 목표인지, 프로에서 성공하는 게 목표인지 묻곤 한다. 찰나의 욕망이 채워지는 것으로 만족하는 사람이라면 결코 프로로 성공할 수 없다.

031
성공을 상상하라

事窮勢蹙之人, 當原其初心.
사 궁 세 축 지 인 　 당 원 기 초 심

功成行滿之士, 要觀其末路.
공 성 행 만 지 사 　 요 관 기 말 로

궁지에 몰려 형세가 좋지 않으면 초심을 돌이켜보아야 하고, 뜻을 이루어 만족한
사람은 반드시 그 성공의 끝을 살펴야 한다.

- 전집 30

　진퇴양난의 위기에 처한 사람은 초심으로 돌아가야 하고, 성공해서 만
족한 사람은 앞으로 다가올 그 성공의 끝을 상상해 보아야 한다.

　2012년 스프링캠프에서 요미우리의 하라 테츠노리 감독과 이야기를 나
눈 적이 있다. 당시 요미우리는 2년 연속 3위에 그쳐, 왕좌 탈환을 벼르고
있었다. 그때 하라 감독이 흥미로운 이야기를 했다.

　"나가노 히사요시나 사카모토 하야토를 비롯한 젊은 선수들에게 항상
자문자답해 보도록 지시하고 있습니다."

　당시 나가노는 2년 차 시즌을 갓 마친 신인으로 우승 경험은 없었지만
1년 차 때 신인왕, 2년 차 때 타격왕 타이틀을 따낸 우수한 선수였다. 사
카모토는 2011년에는 타율이 현저히 떨어지긴 했지만, 2008년부터 주전
자리를 굳건히 지키고 있는 선수였다.

두 선수 모두 부동의 주전으로, 팀의 미래를 책임질 중심 선수로 성장하고 있었다. 하지만 하라 감독은 그런 두 선수가 아직 성에 차지 않았던 모양인지 젊은 선수들에게 스스로 묻고 답을 구하도록 이끌었다.

초심으로 돌아가는 것이나 앞으로 다가올 성공의 끝을 생각한다는 것은 '지나온 세월과 다가올 미래'를 생각한다는 것이며, 결국 자문자답과 같다.

걸어온 인생을 다시 처음으로 되돌리는 것은 당연히 불가능한 일이다. 하지만 지나온 과거를 반성하고 보다 나은 미래로 바꾸어 나가려는 마음가짐을 가지는 것은 얼마든지 가능하다.

032
도리에 맞는 일은
조금도 타협해서는 안 된다

欲路上事, *毋*樂其便而姑爲染指. 一染指, 便深入萬仞.
_{욕 로 상 사　무 락 기 편 이 고 위 염 지　일 염 지　변 심 입 만 인}

理路上事, *毋*憚其難而稍爲退步. 一退步, 便遠隔千山.
_{이 로 상 사　무 탄 기 난 이 초 위 퇴 보　일 퇴 보　변 원 격 천 산}

욕망이 얽힌 일은 그것이 쉽다 하더라도 가벼이 손대서는 안 된다.

한번 길을 잘못 들면 천길만길 나락으로 추락하고 만다.

도리에 맞는 일은 그것이 어렵다 하더라도 조금도 물러서지 말아야 한다.

한번 뒤로 물러서면 수많은 산에 가로막히듯 멀어지게 된다.

― 전집 40

2003년 마츠이 히데키는 요미우리에서 FA(프리 에이전트free agent, 어느 구단과도 자유로이 계약 교섭을 할 수 있도록 한 제도)를 선언하고 태평양을 건넜다. 만약 요미우리에 계속 있었다면 'ON(오 사다하루, 나가시마 시게오)'의 뒤를 잇는 스타 선수로 평생 먹고사는 데 지장이 없었을 텐데, 대담한 결단을 내렸다고 생각했다.

뉴욕 양키스로 이적한 첫 해, 아메리칸리그 우승을 결정하는 챔피언십 시리즈 7차전. 동점 득점을 따낸 마츠이는 힘껏 점프해 파이팅 포즈를 취한 후 동료들과 얼싸안고 기쁨을 나누었다.

'아, 저 감격을 맛보고 싶어서 바다를 건넜구나'라는 생각이 절로 들었다. 지금도 많은 야구 팬이 마츠이의 야구 인생 명장면 중 하나로 이 장면을 꼽고 있다. 마츠이의 흥분된 감정이 바다 건너 일본까지 전해진 것이다.

욕망이 얽힌 일은 설령 손쉽게 할 수 있는 일이라 하더라도 안이하게 손을 대서는 안 된다. 한 번 손대면 욕망의 늪에 빠져 제어할 수 없게 되기 때문이다.

도리에 맞는 일은 설령 그것이 번거롭다 하더라도 한 걸음도 물러서지 않아야 한다. 한번 뒤로 물러서면 도리는 손이 닿지 않는 곳으로 사라지고 만다.

마츠이가 만약 요미우리에 남았다면 평안한 미래를 손에 넣었겠지만, 그는 조직에 속박되지 않고 자유롭게 자신의 길을 나아가는 쪽을 택했다. 비록 현역 생활 말미에는 고생도 했지만 자신의 뜻을 관철했다는 점은 그에게는 훈장이나 다름없었을 것이다.

033
돈이나 지위에 흔들리는 사람은
결코 일류가 될 수 없다

彼富我仁, 彼爵我義. 君子固不爲君相所牢籠.
피 부 아 인　피 작 아 의　　군 자 고 불 위 군 상 소 뢰 롱
人定勝天, 志一動氣. 君子亦不受造物之陶鑄.
인 정 승 천　지 일 동 기　　군 자 역 불 수 조 물 지 도 주

상대가 돈으로 위협한다면 인격으로 대응하고, 상대가 지위로 위협한다면 도의
로 대응하니,

그러므로 참된 사람은 재력이나 벼슬에 휘둘리지 않는 법이다.

사람이 힘을 모으면 하늘도 이길 수 있고, 뜻을 하나로 합치면 기질도 움직이니,

그러므로 참된 사람은 조물주의 틀 속에 갇혀 있지 않는 법이다.

- 전집 42

한신 타이거스 감독을 맡고 있던 2000년, 당시 구단주였던 쿠마 슌지로
씨와 심하게 말다툼을 한 적이 있다.

나는 그때 구단주에게 팀 편성 개혁을 주장하고 있었는데, 이야기를
주고받다 흥분에 못 이겨 결국 심한 말을 내뱉고 말았다.

"당신은 감독만 바꾸면 팀이 강해질 거라고 생각하는 겁니까? 그런 낡
아빠진 생각은 당장 집어치우세요. 한신이 왜 약한지 이제야 알았습니다.
죄송한 말씀이지만, 한신이 바닥을 기는 이유는 구단주, 바로 당신 때문
입니다."

내 말에 구단주는 얼굴을 붉혔고, 그렇게 4시간에 걸쳐 담판을 벌였다. 그 일이 있은 후 얼마 지나지 않아 편성 부문 책임자와 부책임자가 해고되었다. 나중에 들으니, 구단주는 내 말에 화가 머리끝까지 치밀었지만, 듣고 보니 틀린 게 하나도 없더라고 했단다.

누군가 돈으로 접근해 와도 당신의 신념을 관철하라. 누군가 지위로 위협해 와도 도의를 다하라.

당신보다 지위가 높은 사람이라고 하더라도, 당신 신념에 반한다면 절대 따라서는 안 된다. 신념과 의지를 확고히 하면 운명도 바꿀 수 있고 천지도 움직일 수 있다.

돈이나 지위에 흔들리는 사람은 결코 일류가 될 수 없다. 일류가 되려면 상대를 두려워하지 않고, 또 신념을 굽히지 않고 응수하는 강인함이 필요하다.

034
성공하고 싶다면 남들보다 조금 더 높은 목표를 가져라

立身不高一步立, 如塵裡振衣, 泥中濯足, 如何超達.
입 신 불 고 일 보 립　　여 진 리 진 의　　니 중 탁 족　　여 하 초 달

処世不退一步處, 如飛蛾投燭, 羝羊觸藩, 如何安樂.
처 세 불 퇴 일 보 처　　여 비 아 투 촉　　지 양 촉 번　　여 하 안 락

뜻을 세우는 데 있어 한 걸음 높은 곳에 두지 않는다면, 먼지 속에서 옷을 털고
진흙 밭에서 발을 씻는 것과 같으니 어찌 성공할 수 있겠는가.

세상을 살아가는 데 있어 한 걸음 물러서지 않는다면, 등잔불로 뛰어드는 나방이
나 울타리를 들이받는 숫양과 같으니 어찌 마음이 편하겠는가.

- 전집 43

　성공하고 싶다면 조금이라도 좋으니 남들보다 더 높은 목표를 가져야 한
다. 그런 결의가 없다는 것은, 먼지 속에서 옷을 털고 진흙 밭에서 발을
씻으려 하는 것이나 다름없다. 어떻게 하면 남들보다 더 높은 곳으로 나
아갈 수 있을까.

　신인 선수에게 어떤 선수가 되고 싶은지 물으면, 대개 일류 선수가 되
고 싶다, 주전이 되고 싶다, 우승에 공헌하고 싶다, 신인왕을 따내고 싶
는 등의 대답이 돌아온다. 하지만 질문을 조금 바꾸어 '어떻게' 일류 선수
가 될 것인지 물어보면, 금세 말문이 막혀 버린다.

이 '어떻게'를 확실히 설정해 두어야 남들보다 조금 더 높은 성취를 해 낼 수 있다.

2013년 야쿠르트에 입단한 오가와 야스히로라는 신인 투수가 있었는데, 그는 첫 시즌에 16승을 올리며 다승왕 타이틀을 따냈다. 그는 자신의 작은 체구를 보완하기 위해, 와인드업할 때 다리를 든 상태에서 뒤로 한 번 더 돌아 힘을 비축한 후, 그 힘으로 쭉쭉 뻗는 직구를 던진다.

그는 이 '어떻게'를 확실히 설정해 둔 것이다. 온몸의 힘을 공에 집중시켜 타자의 힘에 밀리지 않는 공을 던지는 것, 바로 그것이다.

035
본질로 회귀하라

讀書不見聖賢, 爲鉛槧傭, 居官不愛子民, 爲衣冠盜.
<small>독 서 불 견 성 현　위 연 참 용　거 관 불 애 자 민　위 의 관 도</small>
講學不尙躬行, 爲口頭禅, 立業不思種德, 爲眼前花.
<small>강 학 불 상 궁 행　위 구 두 선　입 업 불 사 종 덕　위 안 전 화</small>

책을 읽어도 성현의 뜻을 보지 못한다면, 글자에 농락당하는 데 지나지 않는다.

관리가 백성을 사랑하고, 백성을 위해 일하지 않으면, 그 역시 월급도둑에 지나지 않는다.

학문을 가르치는 사람이 몸소 실천하는 것을 가벼이 여긴다면, 그 지식은 입에 발린 지식에 지나지 않는다.

사업을 일으켜도 덕을 쌓는 것을 돌보지 않으면, 그것은 눈앞의 꽃과 같아 금세 시들고 만다.

– 전집 56

　책을 읽어도 글에 담긴 참된 의미를 이해하지 못한다면, 글자에 농락당하는 데 지나지 않는다. 관리가 백성을 사랑하고, 백성을 위해 일하지 않으면, 그 관리는 월급도둑일 뿐이다. 학문을 가르치는 사람에게 행동이 함께하지 않으면, 그 학문은 아무 쓸모가 없다. 사업을 성공시켜도 이익을 추구하는 데만 신경 쓴다면, 그 사업은 눈앞의 꽃과 같아 금세 시들고 말 것이다.

　지식을 축적하면 성공한 것일까? 높은 경쟁률을 뚫고 프로야구 선수가 되면 성공한 것일까? 자신의 성적만을 좇는 것이 성공이라고 할 수 있을까?

나는 스즈키 이치로의 통산 안타 기록에 줄곧 의문을 품어 왔다. 일본과 미국을 합쳐 통산 4,000 안타 이상을 쳐낸 그의 노력과 실력에는 경의를 표하는 바이다. 전무후무한 타자라는 데 이견이 없을 것이다.

하지만 이는 어디까지나 '타자' 이치로에 대한 평가일 뿐이다. '야구선수' 이치로는 결코 성공했다고 말하기 어렵다.

그도 그럴 것이 그의 소속팀은 항상 우승과는 거리가 먼 팀이었기 때문이다. 오릭스 블루웨이브(현 오릭스 버팔로스, 이하 오릭스)에서 뛸 때 한 번 우승한 적이 있긴 하지만, 미국으로 넘어가서는 단 한 번도 우승을 경험해 보지 못했다.

이치로는 분명 성공한 선수지만 야구의 본질인 '승리를 위해 경기한다'는 면에서 보면, 야구의 본질과는 거리가 먼 선수라고 할 수 있을 것이다. 최근 뉴욕 양키스의 우승에 공헌하고 싶다는 의지를 밝힌 이치로는, 현역 막바지에 접어든 이제서야 비로소 야구 선수의 본질로 회귀하고 있는 듯하다.

036
침묵을 지키고 자신의 재주를 내세우지
않아야 실수가 적은 법이다

十語九中, 未必稱奇, 一語不中則愆尤騈集.
십 어 구 중　미 필 칭 기　일 어 부 중 즉 건 우 변 집

十謀九成, 未必歸功, 一謀不成則訾議叢興.
십 모 구 성　미 필 귀 공　일 모 불 성 즉 자 의 총 흥

君子所以寧默毋躁, 寧拙毋巧.
군 자 소 이 녕 묵 무 조　녕 졸 무 교

열 마디 말 중 아홉 마디가 옳아도 반드시 뛰어나다 칭찬받는 것은 아니지만, 한
마디라도 어긋나면 비난 받고 꾸중을 듣는다.

열 가지 계획 중 아홉 가지가 성공해도 반드시 그 공로를 인정받는 것은 아니지
만, 한 번이라도 실패하면 사람들 입에 오르내리고 비난을 받는다.

그러므로 군자는 침묵할지언정 떠들어대지 않고, 무능한 취급을 받을지언정 재
주를 드러내지 않아야 한다.

– 전집 71

열 번 말해 아홉 번 옳아도 단 한 번의 실수로 비난 공세에 직면한다.
열 번 전략을 세워 아홉 번 성공해도 단 한 번의 실패에 원성이 빗발친다.
그러므로 현명한 사람은 침묵할지언정 떠들어대지 않고, 무능한 취급을
받을지언정 재주를 드러내지 않는다.

야구는 실수의 스포츠다.

득점과 실점은 대부분 공격과 수비 중 어느 한쪽의 실수로 결정되는데,

여기서 말하고자 하는 것은 실책(에러)이나 주루 실수, 볼넷이나 폭투, 패스트 볼(투수가 던진 공을 포수가 잡지 못하고 뒤로 빠뜨리는 일) 등과 같이 기록에 남는 실수가 아니다.

제구 실수, 타격 실수, 사인 실수, 벤치의 지휘 실수, 또는 심판의 판정 실수 등 기록에는 결코 남지 않는 것들 역시 실수에 포함된다.

시합이 계속될수록 실수는 쌓여 가고, 마지막에 실수하지 않는 팀이 마지막에 이기기 마련이다. 최고의 투구를 완벽한 스윙으로 받아쳐 홈런을 만드는 것은 정말 드문 일이다.

야구가 실수의 스포츠라는 것을 인정한다면 성공했다고 우쭐댈 수 없을 것이다. 실수한 후 반성은 하더라도 주눅 드는 일 역시 없을 것이다. 어느 경우든, 다음에 더 좋은 경기를 할 수 있도록 노력하게 될 뿐이다.

037
한가로운 시간에 노력을 거듭하면
나중에 그 덕을 본다

閑中不放過, 忙處有受用.
<small>한 중 불 방 과　　망 처 유 수 용</small>
靜中不落空, 動處有受用.
<small>정 중 불 락 공　　동 처 유 수 용</small>
暗中不欺隱, 明處有受用.
<small>암 중 불 기 은　　명 처 유 수 용</small>

한가할 때 시간을 헛되이 보내지 않으면 나중에 그 덕을 볼 수 있다.

고요할 때 멍하니 시간을 허비하지 않으면 일을 하고자 할 때 그 덕을 볼 수 있다.

남들이 보지 않는 곳에서 양심에 어긋나는 행동을 하지 않으면, 사람들 앞에서 그 덕을 볼 수 있다.

- 전집 85

프로야구 선수는 하루 24시간을 온전히 야구에만 쏟을 수 있다. 그중 연습시간은 많이 잡아도 5, 6시간 정도일 것이고, 시합을 포함해도 10시간 정도일 것이다.

그럼 남은 시간을 어떻게 보낼 것인가? 무엇을 위해 쓸 것인가? 여기에 선수로서의 성장과 발전이 달려 있다고 할 수 있다.

물론 그렇다고 해서 숨 돌릴 틈도 없이 야구만 하라는 말은 아니다. 난 놀 때는 놀고 해야 할 때는 열심히 하면 된다고 여기는 사람이고, 휴식도 필요하다고 생각한다. 하지만 한 가지 일에 24시간을 쏟아부을 수 있는 시기는 고작 10년도 채 되지 않는다는 것을 알았으면 한다.

현역 선수라 하더라도 야구에 전념할 수 있는 시간은 한정되어 있다. 결혼하고 아이라도 생기면 자연히 야구에 쏟을 수 있는 시간은 줄기 마련이다. 프로 무대에서 고작 몇 년밖에 주어지지 않는 이 시기에 노력을 게을리 한다면, 결단코 프로야구 선수로 대성할 수 없다.

한가할 때 시간을 헛되이 보내지 않으면, 나중에 바쁠 때 그 덕을 볼 수 있다. 고요할 때 멍하니 시간을 허비하지 않으면, 일을 하고자 할 때 그 덕을 볼 수 있다. 남들이 보지 않는 곳에서도 양심에 어긋나는 행동을 하지 않으면 사람들 앞에서 그 덕을 볼 수 있다.

이처럼 한가롭고 고요한 시간을 소중히 여기고, 미래에 대해 고민하면서 노력을 거듭하면 훗날 그 노력이 반드시 빛을 발하게 될 것이다.

038
조금이라도 정의에 반하는 행동을 하면
그 부끄러움이 후세까지 이어진다

公平正論, 不可犯手, 一犯則貽羞万世.
<small>공 평 정 론　불 가 범 수　일 범 즉 이 수 만 세</small>

權門私竇, 不可着脚, 一着則点汚終身.
<small>권 문 사 두　불 가 착 각　일 착 즉 점 오 종 신</small>

공평하고 바른 논의에 반대해서는 안 된다.

만일 한번이라도 거스른다면 수치가 만대에 남겨질 것이다.

권력과 사리사욕의 소굴에 발을 들여서는 안 된다.

한번 발을 들여놓으면 평생 오점을 남기게 될 것이다.

- 전집 111

조금이라도 정의에 거스르는 행동을 하면 그 부끄러움이 후세까지 이어진다. 권세를 내세워 사리사욕을 채우는 사람을 가까이해서는 안 된다. 단 한 번 행동을 같이 하는 것만으로도 평생 지워지지 않을 오점이 남을 것이다.

노파심이긴 하지만 현역에서 은퇴한다며 인사차 찾아오는 제자들에게 강조하는 것이 있다. 그것은 연줄과 인맥으로 감독이나 코치가 되어서는 절대 안 된다는 것이다.

프로야구계에 좋은 지도자는 사실 그리 많지 않다. 다들 알고 있겠지만, 감독이나 코치 후보로 거론되는 사람들은 어느 구단이든 비슷비슷하다. 그도 그럴 것이 실력 있는 지도자가 줄었기 때문이다.

그 이유는 무엇인가. 우리 세대가 다음 세대의 지도자를 키워 내지 못한 것도 이유 중 하나일 것이고, 이 점에 있어서는 나 역시 반성한다. 그리고 훌륭한 성적을 올려 연봉이 매우 높았던 선수들은 대개 수입 문제로 감독직을 꺼린다. 그래서 파벌이나 인맥으로 코치가 되는 사람이 늘고 있는 것이다.

가을만 되면 엽관(관직을 얻으려고 온갖 방법으로 노력함) 운동이라도 하듯, 매일같이 구단 편성 담당자에게 자리를 마련해 달라는 사람들의 발길이 끊이지 않는다. 지도 기술이나 야구 이론을 쌓아 온 사람이 아니라, 연줄로 자리를 꿰찬 지도자를 따라야 하는 선수들이 안타까울 따름이다.

039
설령 타인에게 미움을 받더라도
자신의 신념을 관철하라

曲意而使人喜, 不若直躬而使人忌.
곡 의 이 사 인 희　　불 약 직 궁 이 사 인 기

無善而致人譽, 不若無惡而致人毀.
무 선 이 치 인 예　　불 약 무 악 이 치 인 훼

신념을 굽혀 남을 기쁘게 하는 것보다는 스스로를 곧게 지켜 미움 받는 게 낫다.
잘한 것이 없는데 칭찬받는 것보다는 잘못이 없는데 비난 받는 게 낫다.

– 전집 112

　자신의 신념을 굽히면서까지 다른 사람의 마음에 들려고 해서는 안 된다. 다른 사람에게 미움을 받더라도 자신의 신념을 관철해야 한다. 또한 좋은 일을 한 것도 아닌데 칭찬을 받느니, 차라리 억울한 누명을 써 비난 받는 편이 낫다.

　나는 지금까지 세상에 무서울 게 없다는 일념으로 살아왔다. 프로야구 평론을 할 때도 특별히 말을 가리지 않고 나의 이론과 경험에 기반해 공정하게 비평하려고 노력하고 있다.

　대부분 올바르지 못한 야구에 대한 불만을 표명하는 것이기 때문에, 내 평론은 대개가 독하고 매섭다. 구장에서 사람들을 만나면 "노무라 씨 평론은 항상 매섭네요. 가끔은 칭찬도 좀 해주세요"라는 말을 듣곤 한다.

그런데 개중에는 내 평론을 찬찬히 곱씹으며 읽는 선수도 있는데, 요미우리의 아베 신노스케가 그러하다. 아베는 주자가 있는데도 경솔하게 초구에 손을 댄 어린 선수에게 "이거 네 이야기니까, 잘 읽고 연구해"라며 내 평론을 스크랩하여 건넸다고 한다. 아베는 요미우리의 주전 포수다. 나는 평론을 통하여 그의 투수 리드 방법에 대해 여러 번 쓴 소리를 남기기도 했는데, 매번 그걸 읽고 있다고 한다. 아마 언짢기도 했을 테고, 내게 반론도 하고 싶었을 것이다.

나는 미움 받아도 상관없으니 그저 옳다고 여기는 것을 글로 옮길 뿐이다. 그런데 비판한 대상이 내 뜻을 이해하고자 노력하고 있다는 것을 알고 나니, 새삼 소신 있게 평론 활동을 이어온 내 자신이 뿌듯하게 느껴졌다.

040
사소한 일도 소홀히 하지 마라

小處不滲漏, 暗中不欺隱, 末路不怠荒.
소 처 불 삼 루   암 중 불 기 은   말 로 불 태 황

纔是個眞正英雄.
재 시 개 진 정 영 웅

작은 일도 소홀히 하지 않을 것, 아무도 모른다고 속이거나 숨기지 않을 것, 아무리 곤궁해져도 포기하지 않을 것. 이렇게 해야 비로소 진정한 영웅이라 할 수 있다.

― 전집 114

1992년 일본시리즈, 우리 야쿠르트는 세이부에게 3승 4패로 졌다. 최종전인 7차전, 아쉬움이 남는 장면이 있었다. 1 대 1 동점, 7회 1아웃 만루 상황에서 스기우라의 땅볼에 3루 주자 히로사와가 홈에 들어오지 못하고 아웃된 것이다. 세이부의 2루수 츠지는 병살은 불가능한 타구라고 여겼을 것이다. 그리고는 히로사와의 스타트가 조금 늦은 것을 눈치채고 곧장 홈으로 송구. 적이지만 칭찬이 아깝지 않은 훌륭한 판단이었다.

이 플레이를 계기로 땅볼이든 직선타이든 상관없이, 타자가 치는 순간 주자는 일단 달리고 보는 '갬블 스타트'를 고안했다. 만일 직선타라 병살이 된다 해도 그건 어쩔 수 없다.

그리고 이듬해인 1993년 캠프 첫날 모든 선수에게 홈 슬라이딩 연습을

시켰다. 그날의 아쉬움을 잊지 않기 위해, 아무리 작은 플레이라도 소홀히 하지 않기 위해.

사소한 일도 소홀히 하지 않을 것, 보이지 않는 곳에서 남몰래 속이지 않을 것, 실의의 구렁 속에서도 포기하지 않을 것.

이 세 가지 덕목을 갖춘 사람이야말로 진정한 영웅이다. 그해, 야쿠르트는 세이부에게 설욕하며 일본시리즈 우승을 손에 넣을 수 있었다.

041
마음이 담긴 말이 사람의 마음을 움직이고, 조직의 기초가 된다

德者事業之基, 未有基不固而棟宇堅久者.
덕 자 사 업 지 기 미 유 기 불 고 이 동 우 견 구 자
心者後裔之根, 未有根不植而枝葉榮茂者.
심 자 후 예 지 근 미 유 근 불 식 이 지 엽 영 무 자
덕은 사업의 토대이니, 기초가 똑바로 서 있지 않은 집은 오래가지 못한다.
마음은 자손번영의 근본이니, 뿌리가 제대로 내려지지 않은 나무는 가지와 잎이
우거질 수 없다.

– 전집 156

　인덕은 일의 기초다. 기초가 없는 건물은 오래 버틸 수 없다. 마음은 자손번영의 뿌리다. 뿌리가 똑바로 자리 잡혀 있지 않으면 줄기와 잎이 우거질 수 없다.

　난카이 시절, 인기 배우였던 후지야마 칸비 씨와 자리를 함께한 적이 있다. 둘 다 오사카에 있던 데다 닮았다는 소리도 종종 듣던 사이였다. 타석에 서면 관중들이 "야! 칸비!"라고 빈정대듯 놀리기도 했다.

　그 칸비 씨가 나에게 '인기'란 무엇인지 가르쳐 준 적이 있다.

　"노무라 씨, 인기라는 글자를 어떻게 씁니까? '人(사람, 남) 氣(마음, 기)'라고 쓰죠? 내 마음이 아니라 남의 마음이기 때문에 힘든 거예요."

듣고 보니 정말 그렇다. 사람의 마음을 움직이는 것은 정말 어려운 일이다. 감독이 되고 나서 이를 통감했는데, 팀의 리더는 자신의 플레이로 팀을 이끌어 나갈 수 있지만, 감독은 플레이로 보여 줄 수 없기 때문이다.

오로지 말과 마음으로 사람의 마음을 움직일 수밖에 없다. 마음이 담긴 말 한 마디가 '사람의 마음'을 움직이고, 그것이 팀과 조직의 기초가 된다.

그런데 요즘은 '공기(분위기, 흐름)'가 모든 것을 결정하는 시대가 되었다. 칸비 씨가 풀이하기를, 공기空気란 글자 그대로 '비어 있는〔空〕 마음〔氣〕'이라고 하였다. 공기(분위기, 흐름)를 파악하지 못하면 비난을 받지만 그 실상은 비어 있는 마음이라니, 정말이지 우스운 세상이다.

042
선행의 이득은 눈에 보이지 않아도,
그 성과는 착실히 쌓인다

爲善不見其益, 如草裡東瓜, 自應暗長.
위 선 불 견 기 익　　여 초 리 동 과　　자 응 암 장
爲惡不見其損, 如庭前春雪, 當必潛消.
위 악 불 견 기 손　　여 정 전 춘 설　　당 필 잠 소

선을 행할 때 그 이득은 눈에 보이지 않지만, 풀숲에 숨은 채 자라는 호박처럼 자
연스레 저절로 자라난다.
악을 행할 때 그 손해 역시 눈에 보이지 않지만, 뜰에 쌓인 봄눈이 녹듯이 틀림없
이 깨닫지 못하는 사이에 모두 사라져 버린다.

– 전집 161

선행의 이득은 당장 눈에 보이지는 않지만, 풀숲에 모습을 숨긴 채 자
라는 호박처럼 그 성과가 착실히 쌓여 가고 있다고 생각해야 한다. 악행
을 하면 생기는 손해 역시 눈에 보이지는 않지만, 지금은 손에 있더라도
봄눈이 녹듯 금세 사라져 버릴 것이다.

오치아이 감독과 이야기를 나누다 의견이 일치한 게 있었는데, 그것은
바로 요즘 선수들이 스윙 연습을 안 한다는 것이었다. 그는 이런 말도 덧
붙였다.

"스윙 연습을 하며 자신만의 타격 폼을 완성해 갔던 건 우리 세대가 마

지막이었죠."

요즘에는 스윙 연습보다는 실제로 공을 치는 훈련, 즉 묵묵히 피칭 머신이 던지는 공을 치는 데만 열중하는 연습이 더 많아졌다.

내가 선수로 뛰던 시절에는 피칭 머신 같은 건 있지도 않았고, 그저 배트를 휘두르는 것 말고는 할 수 있는 게 없었다. 그래서 나 자신에게 '하루 스윙 1,000번'이라는 과제를 주었고, 과제를 마치기 위한 나름의 '규칙'도 있었다. 스윙 연습을 꾸준히 하다 보면 좋은 타이밍에 임팩트되었을 때 바람을 가르는 소리부터가 다르다. 바로 이 소리의 차이가 들릴 때까지 절대 훈련을 멈춰서는 안 된다는 게 나만의 규칙이었다.

내가 1군에 올라온 것은 입단 3년 차 때였다. 스윙 연습은 1년 차 때부터 꾸준히 해왔지만, 그것을 인정받기까지 3년이 걸린 셈이다.

043
이해득실에 얽매이지 않고
맡겨진 일에 힘써야 한다

議事者, 身在事外, 宜悉利害之情.
의 사 자   신 재 사 외   의 실 리 해 지 정

任事者, 身居事中, 當忘利害之慮.
임 사 자   신 거 사 중   당 망 리 해 지 려

일을 논의하는 사람은 스스로를 일 밖에 두어 이해득실을 잘 따져야 하고,
일을 맡은 사람은 스스로를 일 가운데 두어 이해득실을 잊어야 한다.

- 전집 173

일을 논의할 때는 일 밖에 몸을 두어 이해득실을 잘 따져 봐야 하고,
일을 맡았을 때는 일 가운데 몸을 두어 자신의 이해득실에 얽매이지 않
고 힘써야 한다.

포수라는 포지션은 특별하다. 아홉 명의 수비수 중 유일하게 파울 존에
위치하고 있으며, 바라보는 방향도 달라 다른 선수들과 얼굴을 맞대고 있
어야 한다.

즉, 포수는 항상 그라운드 밖에서 냉정하고 객관적으로 게임을 바라보
는 위치에 있는 것이다. 포수가 자칫 분위기에 휩쓸려 버리거나 초조한
마음에 승부를 서두르는 투수에게 말려들면, 팀은 그 시합에서 패배할 수
도 있다.

그래서 나는 '포수는 그라운드 위의 감독'이라고 자부해 왔으며, 포수인 이상, 개인 성적에 연연하지 않고 팀의 승리를 최우선으로 여기며 경기에 임해야 한다고 외쳐 왔다.

최근 들어 투수가 '선발투수, 중간계투, 마무리투수'로 분업화되면서 포수는 모든 투수를 리드해야만 한다. 덕분에 포수의 존재감이 더욱 부각되고 있다.

044
급하게 이룬 수양은 깊이가 없다

磨蠣當如百煉之金. 急就者非邃養.
<small>마 려 당 여 백 련 지 금　　급 취 자 비 수 양</small>

施為宜似千鈞之弩. 輕發者無宏功.
<small>시 위 의 사 천 균 지 노　　경 발 자 무 굉 공</small>

자신을 갈고닦을 때는, 쇠를 백 번 단련하듯 해야 한다. 급하게 이룬 수양은 깊이가 없다.

일을 행할 때는, 무거운 활을 당기듯 해야 한다. 경솔한 행동으로는 큰 공적을 이룰 수 없다.

- 전집 188

　자신을 갈고닦을 때는 금을 단련하듯 찬찬히 시간을 들여야 한다. 빨리 이루어 내려고만 한다면 깊은 수양이라 할 수 없다. 사업을 시작할 때는, 무거운 활을 쏠 때처럼 신중을 기해야 한다. 경솔한 판단으로 시작하면 큰 성과를 얻기 어렵다.

　'노력'이란 자신을 위해 하는 것이지만, '수고'란 타인이 내리는 평가 중 하나다. 남들에게 "수고가 많아"라는 말을 듣는 경우는 있지만, 자기 입으로 "내가 수고가 많지"라고 말하는 사람은 거의 없다. 설령 스스로 수고했다고 떠벌려도, 사람이란 대개 자신에 대한 평가는 후하기 마련이기에 다른 사람들에게 큰 신뢰는 받기 어려울 것이다.

　제자인 미야모토 신야가 내게 이런 말을 한 적이 있다.

"어떻게 해야 감독님이 나를 기용할까, 오로지 그것만 생각했습니다. 감독이 '쓰고 싶다'고 여길 만한 선수가 되는 게 중요했기에, 지금까지의 저를 버리고 연습에 매달렸습니다."

수비의 달인, 번트의 명인, 타격의 장인 등 여러 별명을 가진 미야모토지만, 프로 입단 당시에는 오로지 수비 하나로만 인정받는 선수였다. 하지만 19년에 걸친 선수 생활 동안 끊임없이 기술을 갈고닦아 오늘날의 미야모토를 만들어 낸 것이다.

자신을 갈고닦는 데는 그만큼 오랜 시간이 필요하다. 그래야 비로소 타인으로부터 노력과 수고를 평가받을 수 있는 것이다.

045
한 가지를 완수하는 것만으로도
얻을 수 있는 게 많다

釣水逸事也, 尙持生殺之柄. 奕棋淸戲也, 且動戰爭之心.
조 수 일 사 야   상 지 생 살 지 병   혁 기 청 희 야   차 동 전 쟁 지 심

可見喜事不如省事之爲適, 多能不若無能之全眞.
가 견 희 사 불 여 성 사 지 위 적   다 능 불 약 무 능 지 전 진

낚시는 속세를 벗어난 여유로운 정취가 있지만, 그 이면에 살생의 칼자루를 쥐고
있고, 바둑은 고상한 놀음이지만, 그 이면에 승부라는 전쟁의 마음을 품고 있다.
일이 즐겁다 한들 그 일을 덜어 마음이 편안한 것만 못하고,
다재다능하다 한들, 오히려 무능하여 본래 마음을 보전하는 것만 못하다.

- 후집 2

　낚시는 자연 속에서 풍류를 즐기는 놀음이지만, 그 이면에 살생을 품고
있다. 바둑은 품위 있고 고상한 놀음이지만, 그 이면에 전쟁의 마음을 품고
있다.
　야구도 바둑과 마찬가지로 땅따먹기 게임이라고 볼 수 있다. 각 베이스
는 지켜야 할 보루이고, 상대의 진지(1루, 2루, 3루)를 차례로 빼앗아 자
신의 진지(홈 베이스)로 돌아오면 1점. 그 사이에 죽으면 아웃. 터치아웃
을 의미하는 척살刺殺, 도루 실패를 의미하는 도루사盜壘死처럼, 야구는
무시무시한 용어가 난무하는 스포츠이기도 하다.

정해진 규칙 안에서 이루어지는 스포츠는 청소년의 건강한 성장에 뛰어난 효과가 있지만, 아이러니하게도 스포츠는 인간의 잔혹한 본성에서 출발했다. 비단 야구뿐만 아니라 다른 구기종목이나 고대 올림픽 때부터 존재해 온 스포츠도 마찬가지다.

요즘 부모들은 자녀에게 무분별하게 다양한 것을 가르치려고 한다. 하지만 중요한 것은 연이어 새로운 것을 시작하기보다는, 한 가지를 하더라도 제대로 해야 한다는 것이다. 그것이 스포츠이든 예술이든, 한 가지에 깊이 파고들어 그 기원과 역사, 본질을 확실히 이해한 후에 다음 단계로 나아가게 해야 한다.

체력과 기술이 뛰어난 선수라고 반드시 성공하는 것은 아니다. 다방면에서 재능을 발휘하려 하기보다, 재능이 부족하더라도 한 가지 일에 철저히 파고들어 정점을 목표로 하는 편이 얻는 것이 더 많을 것이다.

046
치고, 달리고, 지키고

矜名, 不若逃名趣.
_{긍 명   불 약 도 명 취}

練事, 何如省事閒.
_{련 사   하 여 생 사 한}

명성을 드러내는 것은 명성을 숨기는 멋만 못하고,
일에 능숙해지는 것은 일을 줄여 여유를 얻는 것만 못하다.

— 후집 31

  이름을 내세우는 사람보다 자신의 이름이 알려지는 것을 사양하는 사
람이 더 매력적이다. 이것저것 일을 벌이기보다 현재 하고 있는 일을 줄
여 마음의 여유를 가지는 게 더 바람직하다.

  치고, 달리고, 지키고. 이 모든 것을 다 잘하고 싶은 건 야구선수라면
당연히 갖는 본성일 것이다. 하지만 한 가지만 파고드는 선수도 있다.

  2002년부터 줄곧 요미우리에서만 뛰고 있는 스즈키 타카히로는 오로
지 발 하나만으로 자신의 프로야구 인생을 성실히 이어 가고 있는 선수
다. 1997년에 입단했지만 5년간 1군 출장 기록이 없었다. 빠른 발은 평
판이 좋았지만, 왜소한 체격에 타격은 솔직히 말해 이류였다. 연간 100
시합 이상 출장한 것도 2003년과 2008, 2009년 단 세 시즌뿐이다. 일반
적인 경우라면 진작 방출되었을 것이다.

하지만 그에게는 빠른 발이라는 무기가 있었다. 시합 막바지, 1점이 반드시 필요한 접전 상황. 대주자로 기용되어 그간 갈고닦은 도루 기술로 팀에 귀중한 1점을 안기는 게 바로 그의 역할이었다.

2012년 시즌이 끝난 후 재계약 협상을 할 때 그는 구단에 이렇게 요청했다고 한다.

"연봉은 올려 주지 않아도 되니, 1년이 아닌 2년 계약으로 해주십시오."

자신에게는 빠른 발이 전부이고, 그 발에 인생이 좌우되기 때문에 연봉보다도 계약기간이 확실히 보장되길 원했던 것이다. 누구보다 자기 자신을 잘 알고, 자신의 장점을 철저히 갈고닦아 나가는 것. 이 얼마나 깔끔하고 당당한 인생인가.

047
오래 움츠린 새가 더 높이 난다

伏久者飛必高, 開先者謝獨早.
<small>복 구 자 비 필 고   개 선 자 사 독 조</small>

知此, 可以免蹭蹬之憂, 可以消躁急之念.
<small>지 차   가 이 면 충 등 지 우   가 이 소 조 급 지 념</small>

오래 움츠린 새는 더 높이 날고, 먼저 피어난 꽃은 홀로 일찍 시들고 만다.

이러한 이치를 알면 발을 헛디디는 근심을 면하고, 초조한 마음도 사라질 것이다.

- 후집 77

오래 움츠린 새가 더 높이 날고, 먼저 피어난 꽃은 다른 꽃보다 일찍 시드는 법이다. 이러한 이치를 깨닫는다면, 인생을 중간에 내팽개치거나 성공을 안달하다 일을 그르칠 일도 없을 것이다.

'자복雌伏'은 미래를 기약하면서 현재는 남에게 복종하여 때를 기다린다는 뜻으로, 원수를 갚거나 마음먹은 일을 이루기 위하여 온갖 어려움과 괴로움을 참고 견딘다는 뜻의 '와신상담臥薪嘗膽'의 경험과 함께 인생의 중요한 요소다. 이러한 경험들이 있어야 비약적으로 성장할 수 있기 때문이다.

1980년 현역에서 은퇴한 후 1990년 감독으로 다시 유니폼을 입기까지, 나는 9년간 야구평론가의 길을 걸어 왔다. 그 9년이라는 세월은 나에게 매우 소중한 시간이었다.

〈산케이스포츠〉 신문에 야구 평론을 싣고, 〈TV 아사히〉에서 야구 해설을 하면서 내 야구 이론을 확립해 갔다. 《손자》, 《논어》, 《채근담》, 야스오카 마사히로의 《활학活學》 등을 읽으며, 그 책들을 나의 일과 인생의 길잡이로 삼았다. 경영 관련 서적도 읽었고 지도자로서 필요한 매니지먼트 방법론에 대해서도 공부했다.

　지금 내 앞에는 나의 야구 이론이 정리된 '노무라의 생각'이라는 파일이 놓여 있다. 이 수백 페이지의 자료집은 9년간의 경험이 없었다면 결코 완성될 수 없었을 것이다. 물론 그라운드에 서고 싶다는 열망도 강했다. 하지만 그때 만약 유니폼을 벗지 않고 감독이나 코치가 되어 야구 현장에 남아 있었더라면, 나 자신을 갈고닦는 데 필요한 지식에 대한 갈망도 솟아나지 않았을 것이다.

048
하루하루의 연습이
큰 차이를 만든다

今人專求無念, 而終不可無.
금 인 전 구 무 념   이 종 불 가 무

只是前念不滯, 後念不迎, 但將現在的隨緣, 打發得去,
지 시 전 념 불 체   후 념 불 영   단 장 현 재 적 수 연   타 발 득 거

自然漸漸入無.
자 연 점 점 입 무

현대인은 '무無'의 경지를 추구하지만 끝내 그 경지에는 도달하지 못한다.
지난 생각은 남겨 두지 않고, 다가올 생각도 미리 맞이하지 않으며, 단지 지금의
일을 이치에 따라 하나하나 해결해 나간다면, 자연히 점차 무無의 경지에 이를
것이다.

– 후집 82

　현대인은 무심하게 살아가려고 하지만, 그러면 그럴수록 무심과는 거
리가 멀어진다. 과거에 연연하지 않고, 미래의 일 때문에 미리 고민하지
않고, 지금 눈앞에 놓인 일에 집중하여 정리해 나가다 보면 어느새 무심
의 경지에 이르게 된다.
　큰 경기를 앞두고 있을 때 선수들에게 반드시 하는 말이 있다.
　"당연한 것을 당연하게 해라."
　당연한 것을 당연하게 하는 것이야말로, 승리를 따내는 데 가장 필요한

것임과 동시에 가장 어려운 것임을 알고 있기 때문이다.

흔히 큰 경기라고 불리는 시합일수록 경기 내용 자체는 재미없을 때가 많다. 그럼에도 불구하고 보는 이들의 감동을 자아내는 것은 어째서일까? 선수들의 날이 선 집중력과 긴장감이 화면 너머로도 전해지기 때문일 것이다.

때때로 실수가 시합의 승패를 결정짓는 경우가 있다. 실책이나 주루 실수와 같이 눈에 보이는 실수뿐만 아니라, 제구 실수, 타격 실수, 볼넷, 미묘한 심판 판정 등등. 여기서 야구가 실수의 스포츠라는 본질을 엿볼 수 있다.

사람들은 실수한 다음에야 깨닫는다. 당연한 것을 당연하게 하는 게 얼마나 어려운지를. 매일 반복하는 평범한 연습이 얼마나 중요한지를.

049
마지못해 어울리는
헛된 수고는 그만둬라

笙歌正濃處, 便自拂衣長往, 羨達人撒手懸崖.
<small>생 가 정 농 처　변 자 불 의 장 왕　선 달 인 살 수 현 애</small>
更漏已殘時, 猶然夜行不休, 咲俗士沈身苦海.
<small>경 루 이 잔 시　유 연 야 행 불 휴　소 속 사 침 신 고 해</small>

피리와 노랫소리가 한창 무르익었을 때 미련 없이 자리를 떠날 줄 아는 것은, 깨
달은 이가 벼랑에서 손을 놓고 거니는 것과 같아 부러운 일이나, 시간이 이미 다
했음에도 미련이 남아 밤길을 쏘다니는 것은, 속세의 인간이 고해에 몸을 담그는
것과 같아 우스운 일이다.

- 후집 104

술자리가 한창 무르익었을 때 슬쩍 옷을 챙겨 자리를 뜨는 사람이 있
다. 마치 깨달은 이가 벼랑에서 손을 놓고 거니는 것 같아 부럽기 그지없
다. 하지만 깊은 밤길을 어슬렁어슬렁 배회하는 사람도 있다. 마치 욕망
의 바다에 빠져 허우적대는 것 같아 저절로 실소가 나온다.

현역 시절, 오사카에서 도쿄로 원정을 가면 긴자에서 노는 게 하나의
낙이었다. 한번은 술집에서 우연찮게 오 사다하루와 마주친 적이 있다.
모처럼 만났으니 회포도 풀 겸, 같이 시간을 보내게 되었다. 그런데 밤 10
시가 되자 오가 자리를 뜨려는 게 아닌가.

"먼저 실례하겠습니다."

"뭐야, 모처럼 만났는데 좀 더 놀다 가."

"아라카와 코치님이 기다리고 계셔서요."

오와 힘을 합쳐 '외다리 타법'을 만들어 낸 아라카와 히로시 코치와 그 시간에 야간 특훈을 하러 간다는 것이었다. 정말이지 놀라지 않을 수 없었다.

때로는 자신에게 필요한 정보를 수집하기 위해서라도 상사나 선배가 부르는 자리에 참석할 필요가 있다. 하지만 사교성이 없다느니, 항상 혼자 행동한다느니, 이런 하찮은 비판이 듣기 싫어 마지못해 어울리는 것이라면, 당장 그 헛된 수고를 그만두는 것이 좋다.

050
취미를 즐기기만 하지 말고
그 안에서 무언가를 느껴라

栽花種竹, 玩鶴觀魚, 亦要有段自得處.
재 화 종 죽   완 학 관 어   역 요 유 단 자 득 처

若徒留連光景, 玩弄物華, 亦吾儒之口耳, 釋氏之頑空而已.
약 도 류 련 광 경   완 롱 물 화   역 오 유 지 구 이   석 씨 지 완 공 이 이

有何佳趣.
유 하 가 취

꽃을 가꾸고 대나무를 심을 때도, 학을 기르고 물고기를 감상할 때도, 무언가 깨닫는 게 있어야 한다.
헛되이 눈앞에 펼쳐진 광경에 빠져 화려한 겉모습만을 즐긴다면, 이는 곧 유교에서 말하는 구이지학口耳之學이요, 불교에서 말하는 완공頑空(공空에만 집착하는 선禪)에 지나지 않으니, 어찌 참된 풍류라 할 수 있겠는가.

– 후집 125

꽃과 대나무를 가꾸고 학과 물고기를 감상할 때도 무언가 깨닫는 게 있어야 한다. 만일 아무 생각 없이 그저 보고 즐기기만 한다면, 이는 곧 유가에서 말하는 구이지학口耳之學 즉, 입과 귀에 그치는 얕은 학문이요, 불가에서 말하는 완공頑空 즉, 현실에서 도피하여 공空에만 집착하는 선禪과 같다.

내 인생에서 야구를 빼면 아무것도 남지 않는다. 그 정도로 야구 외에

는 별다른 취미가 없다. 기껏해야 독서나 서스펜스 드라마를 보는 정도랄까. 일도 야구, 취미도 야구, 이제 와서 이걸 바꿀 수는 없는 노릇이다.

프로인 이상 야구에 있어서만큼은 '노무라 박사'여야 한다는 생각을 늘 갖고 살아왔다. 하지만 한 어린아이의 순수한 질문에 이런 나의 다짐이 무색해졌다. 소년야구 팀의 감독을 맡고 있을 때였다.

"야구는 왜 '야구野球'라고 하는 건가요?"

한 아이가 내게 물었다.

베이스볼baseball을 '야구野球'라고 처음 번역한 사람은 구 제일고등학교(도쿄 대학의 전신)의 추만 카노에 씨라고 한다. 또 시인 마사오카 시키는 자신의 본명인 '노보루のぼる'와 '야구野ボール'의 발음이 비슷한 데 기인해, 자신을 '야구野球'라고 부르기도 했다고 한다. * 그 자리에서는 어원을 조사하여 어찌어찌 설명해 주긴 했지만, 질문한 아이는 사실 어원보다도 '야구'의 본래 의미를 알고 싶었을 것이다.

그 이후 나는 아이들을 가르칠 때는 안이한 각오로 임해서는 안 된다고 생각하게 되었다. 아이들은 순수해서 어른들의 말을 그대로 믿기 때문이다.

---

* 한자 '野(들 야)'는 일본어로 'や(노)'와 'の(노)'로 발음되는데, 이 중 'の(노)'와 '보루(ボール, ball의 일본 발음, 한자로 球)'의 발음을 이용한 일종의 언어 유희

감성이 풍부한 사람이
재능도 잘 발휘한다

재능이란 결과론에 지나지 않는다. 나는 경험을 통해 이 사실을 깨우쳤다.

"감독님은 재능이 있었으니까 홈런을 657개나 칠 수 있었던 거죠. 저한 테는 그런 재능이 없어요."

이런 말을 늘어놓는 선수가 있다. 하지만 재능이란 선천적으로 타고나는 것만이 아니다.

선천적 재능에는 개인차가 있다. 강속구를 던지는 어깨, 장타를 쳐내는 힘, 빠른 발, 이러한 능력은 태어날 때 부모로부터 물려받는 것이며 후천 적으로 습득하기는 어렵다. 간혹 프로에 입단한 후 구속球速이 늘어난 경 우는 자신이 지닌 선천적 재능을 제대로 발휘할 방법을 터득한 것이라 할 수 있다.

선천적으로 재능을 타고났다고 해서 반드시 성공하는 것은 아니다. 프 로야구계에는 야구의 천재들만 모여 있다고 해도 과언이 아니다. 하지만 그중에는 10억 엔 이상 벌어들이는 메이저리거도 있는 반면, 최저연봉을 받는 선수도 있다. 어째서 이러한 차이가 생기는 것일까. 흔히들 선천적 재능의 차이 때문일 거라고 생각하지만, 나는 그보다는 '감성의 차이'에 있다고 생각한다. 감성 즉, 센스란 '느끼는 힘'을 말한다. 느끼는 힘이 강한 사람일수록 자신의 재능을 잘 발휘할 수 있다.

영국의 한 사회학자는 이렇게 말했다. "남들보다 품격이 높아지려면, 남들보다 얼마나 많이 느끼느냐가 중요하다." 프로야구의 경우, '격이 높아지려면'을 '재능이 풍부해지려면'으로 바꿔 말할 수 있을 것이다.

재능보다도 감성이 성공과 직결되어 있기도 하다. 세상이 자신의 어떠한 부분을 필요로 하는지 포착하여, 그 감성에 따라 노력을 쌓아 가야 한다. 자신의 어떠한 재능을 살려 나가야 하는지, 야구의 재능이란 무엇인지, 팀에서 활용할 만한 재능은 무엇인지, 늘 고민하고 느껴야 한다. 홈런을 치는 것 말고도 팀에 도움을 줄 수 있는 방법은 얼마든지 있다.

스카우터들은 종종 '장래성'이란 말을 입에 담는다. 하지만 '장래성'만큼 막연하고 모호한 말도 없다. 프로야구의 세계에 들어온다는 것은, 그들이 분명 평범한 사람들보다 뛰어난 야구 재능을 타고났음을 의미한다. 진짜 경쟁은 그 다음부터다. 경쟁에 있어 가장 중요한 요소는 첫째가 선천적이거나 후천적으로 다듬어진 재능이고, 둘째는 풍부한 감성이다. 이러한 요소를 갖추지 못한 사람에게 '장래성'만 입이 닳도록 말해 봤자 허황된 자기 위안에 지나지 않는다.

《채근담》에서는 일과 인생의 성공에는 '초심으로의 회귀'와 '미래에 대한 상상'이 무엇보다 중요하다고 강조하고 있다.

실패했다면 초심으로 돌아가라. 성공했다 하더라도 언젠가 다가올 실패에 미리 대비하라. 실패했을 때의 자신의 모습을 상상하고 무엇을 해야 할지 생각하라.

이러한 조언을 참고로 하면, 스카우터는 '장래성'과 같은 불확실한 평가를 내릴 것이 아니라, 자신이 발탁한 선수가 장차 어떤 선수가 되었으면 하는지 명확히 상상해 둘 필요가 있다는 것을 알 수 있다.

선수를 맡은 이상 스카우터나 감독을 비롯한 구단에게 그 책임이 있다. 물론 성공과 실패에 대한 최종 책임은 선수 자신에게 있겠지만, 장래의 모습을 명확하게 제시하는 것은 그 선수를 프로로 데려온 구단이 져야 할 최소한의 책무다. 이런 의무를 다할 각오를 가져야 비로소 소중한 황금알을 맡을 자격이 생긴다.

2013년에 닛폰햄 파이터스(홋카이도 닛폰햄 파이터스, 이하 닛폰햄)에 입단한 오타니 쇼헤이가 투수와 타자를 겸하는 이른바 '이도류二刀流'에 도전해 화제가 되었다. 첫 시즌은 경험을 쌓을 겸, 본궤도에 오르기까지 워밍업을 한 시즌이라고 보고 있다.

실제로 오타니는 타자라면 3할 타율, 투수라면 10승 이상을 충분히 올릴 수 있는 선천적 재능을 지녔음을 증명했다. 하지만 그것은 하나에 전념했을 경우의 이야기다. 계속해서 이도류를 고집한다면 규정 투구횟수와 규정 타석수를 채우기 어려울 것이다.

풍부한 재능을 지닌 선수에게 기록을 남겨 주지 못하는 것, 이는 명백한 팀의 실수다. 야구는 기록의 스포츠기 때문이다. 뛰어난 재능을 지닌 오타니를 맡은 어른들이 그 의무를 다하지 못한다면 훗날 비난을 면키 어려울 것이다.

"사람들은 실수한 다음에야 깨닫는다.
당연한 것을 당연하게 하는 게 얼마나 어려운지를.
매일 반복하는 평범한 연습이 얼마나 중요한지를."

3장

올바른 노력은
반드시 보상 받는다

051
약자의 전술은 이렇게 탄생했다

天地寂然不動, 而氣機無息少停. 日月晝夜奔馳,
_{천 지 적 연 부 동　이 기 기 무 식 소 정　일 월 주 야 분 치}

而貞明万古不易.
_{이 정 명 만 고 불 역}

故君子, 閑時要有喫緊的心思, 忙處要有悠閒的趣味.
_{고 군 자　한 시 요 유 끽 긴 적 심 사　망 처 요 유 유 한 적 취 미}

천지는 고요한 듯 보여도 그 움직임을 멈춘 적이 없고, 해와 달은 밤낮으로 분주
해도 그 밝은 빛이 영원히 변하지 않는다. 그러므로 군자는 한가할 때일수록 대
비하는 정신을 가지고, 분주할수록 여유로운 멋을 지녀야 한다.

– 전집 8

아무 일 없이 평온할 때는 만일에 대비하는 것을 잊지 말고, 문제가 생
겼을 때는 마음에 여유를 가지고 임해야 한다.

프로야구 감독을 하다 보면, 애초 구상한 대로 팀이 나아가는 일은 결
코 없다는 것을 절실히 깨닫게 된다. 계획했던 멤버대로 주전이 꾸려지지
도 않고, 벤치에서 계산한 대로 투수가 척척 승리를 따내지 못하는 것은
말할 것도 없다. 따라서 부상자나 슬럼프로 인한 손실을 미리 염두에 두
고 전력을 정비해야만 승리하는 팀을 만들 수 있다.

'부상자가 많아 구상했던 전력으로 싸우지 못했다', '선수에 대한 계산
착오가 순위에 영향을 끼쳤다'와 같은 변명은 위로해 주는 주변인이나 팬

이라면 모를까, 군대를 이끄는 장군이나 다름없는 감독이 스스로 입에 올려서는 안 되는 말이다.

　나는 포수 출신이라 매사에 부정적으로 생각하는 습관이 있다. '이 타자를 내보내면…', '여기서 실점하면…' 등 불리한 상황을 미리 예측하여 위기를 모면하고 극복할 수 있는 방법을 항상 궁리해 왔다.

　팀이 어려울 때 어떻게 대처할까? 강한 상대를 맞아 어떻게 싸워 이길까? 늘 '비상사태'를 대비해 이리저리 궁리하는 습관이 '약자의 전술'을 탄생시켰다고 할 수 있다.

052
실패가 있기에
성공도 있는 것이다

恩裡由來生害, 故快意時, 須早回頭.
은 리 유 래 생 해   고 쾌 의 시   수 조 회 두

敗後或反成功, 故拂心處, 莫便放手.
패 후 혹 반 성 공   고 불 심 처   막 편 방 수

은혜 속에서 재앙이 싹트는 것이니, 만족스러운 때일수록 돌이켜 반성해야 한다.
실패가 있기에 성공도 할 수 있는 법이니, 마음대로 되지 않는다고 포기해서는
안 된다.

– 전집 10

　실패나 역경의 싹은 일이 순조로울 때 움튼다. 그러므로 순조로울 때
이리저리 살펴봐야 한다. 성공이나 승리는 지고 있을 때부터 시작된다.
그러므로 생각대로 안 된다고 포기해선 안 된다.
　홈런을 친 선수가 벤치로 돌아오면 모두 나와 하이파이브를 하며 축하
해 준다. 하지만 난 야쿠르트 감독 시절, 단 한 번도 하이파이브를 하지
않았다. 표정 하나 바꾸지 않고 벤치에 가만히 앉아 있었다. 물론 홈런을
친 선수를 칭찬하고 싶은 마음이야 있지만, 감독은 항상 '다음'을 생각해
야만 한다.
　지금 얻은 점수를 어떻게 지켜 낼 것인가. 어떻게 추가점을 따낼 것인

가. 남은 시합의 전개를 예측하고 선수 기용을 고민하는 것이 내게는 최우선이었기에, 한가로이 웃으며 하이파이브할 여유가 없었다. 시합이 끝난 후에 웃어도 충분하다고 여겼다.

그런데 라쿠텐 감독 시절, 딱 한 번 홈런 친 선수를 하이파이브로 맞이한 적이 있다.

"웬일이세요? 홈런 친 선수랑 하이파이브를 다 하시고."

예전부터 나를 잘 아는 코치에게 이런 말을 들었을 때, 순간 나 스스로도 깜짝 놀랐다. 아마도 그 선수를 축하해 주고 싶은 마음에 나도 모르게 손을 뻗은 것 같다.

053
평정심을 유지하라

蓋世功勞, 當不得一個矜字.
_{개 세 공 로　당 부 득 일 개 긍 자}

弥天罪過, 當不得一個悔字.
_{미 천 죄 과　당 부 득 일 개 회 자}

온 세상을 뒤엎을 만큼의 공로도, '矜(자랑할 긍)'이라는 한 글자를 이길 수 없고,
하늘에 닿을 듯한 죄악도, '悔(뉘우칠 회)'라는 한 글자를 이길 수 없다.

– 전집 18

한 시대를 풍미할 만큼 위대한 공적이라 하더라도, 그것을 자랑하는 순간 다 사라지고 만다. 반면 세상에 널리 알려질 만큼 큰 죄와 실수라 하더라도, 깊이 뉘우치고 반성하면 용서 받을 수 있다.

세상에는 큰 공적이나 대기록을 세워 주목 받는 사람들이 있다. 프로야구도 마찬가지다. 기록을 세우면 언론으로부터 집중 조명을 받게 될 것이고, 그런 상황에서 선수가 평정심을 유지하는 것은 좀처럼 쉽지 않다. 주목 받으며 바쁜 나날을 보내다 보면 자연히 연습을 소홀히 하게 되고, 결국에는 성적도 떨어지게 된다

한편, 정반대의 모습을 보이는 선수들도 있다. 세계를 제패한 일본 여자 축구 대표팀 '나데시코 재팬' 선수들이다. 그녀들을 볼 때면 감탄이 절로 나온다. 항상 겸손하고 주변에 대한 감사를 잊지 않는다. 인기를 얻고

주목 받으며 TV 출연과 취재가 늘어났음에도 불구하고, 선수들은 매일 1시간 이상 달리는 훈련을 거르지 않는다고 한다.

힘든 시간을 걸어온 그녀들은 누구보다도 잘 알고 있는 것이다. 지금의 인기와 칭찬이 오래가지 않는다는 사실을 말이다. 여자 축구가 인기 스포츠로 성장한 후에 데뷔하는 선수들은 겸손함을 잃을지도 모른다. 하지만 적어도 지금의 '나데시코 재팬'은 이겼다고 자만하지 않고, 후배들의 본보기가 되기 위해 노력하고 있다.

프로야구 선수들이 점점 망각해 가는 정신을 그녀들은 단단히 붙들고 있다.

054
모든 사람이
4번 타자가 될 수는 없다

處世不必邀功, 無過便是功.
처 세 불 필 요 공　　무 과 변 시 공
與人不求感德, 無怨便是德.
여 인 불 구 감 덕　　무 원 변 시 덕

세상을 살아가는 데 있어 공적만을 바라지 마라. 큰 과오가 없으면 그것이 곧 성
공이나 다름없다.
남에게 덕을 베풀 때는 감사함을 바라지 마라. 미움 받지 않으면 그것이 곧 덕을
쌓는 것이나 다름없다.

- 전집 28

세상을 살아가는 데 있어 공적만을 바라지 말아야 하며, 큰 과오가 없
는 것을 곧 성공으로 여겨야 한다. 남에게 덕을 베풀 때 감사함을 바라지
말아야 하며, 미움 받지 않는 것이 곧 덕을 쌓는 것이라 여겨야 한다.

야구에는 1번부터 9번까지 모두 아홉 명의 타자가 있는데, 저마다 그
역할이 다르다는 것이 나의 지론이다. 물론 누구나 4번 타자가 될 수 있
는 것은 아니다. 하지만 체격이 작아 장타력이 떨어진다 해도, 발이 느리
다 해도, 자신의 역할을 똑바로 해내면 얼마든지 기회를 잡을 수 있다.

나는 9명의 타자 중에서 2번이나 7번, 8번 타자와 같은 '연결 고리' 역할

을 하는 선수들을 키우는 데 특별히 신경을 썼다.

꼭 안타를 치는 것만이 팀에 기여하는 길은 아니다. 보내기 번트로 주자를 착실히 진루시키는 것, 2루 주자를 3루로 보내기 위해 일부러 우측 방향으로 타격하는 것, 치고 싶은 공이라도 참고 발 빠른 주자가 도루할 수 있도록 돕는 것, 상대 투수의 공을 집요하게 걷어 내며 한 개라도 더 던지게 만든 후 볼넷으로 출루하는 것 등등. 이러한 임무는 '잘해야 본전, 못하면 역적'이 되는 일이라 누구든 처음에는 주저하기 마련이다. 그래서 나는 선수들을 잘 타일러 임무를 맡김과 동시에, 기록에 남지 않는 이러한 희생 플레이도 선수 심사항목에 추가해 줄 것을 구단에 요청하기도 했다.

태어날 때부터 희생정신을 타고나는 사람은 없다. 하지만 선수에게 필요한 것은 바로 '공적을 다른 사람에게 양보하는 정신'이다.

055
독선과 아는 체는
발전에 방해가 된다

利欲未盡害心, 意見乃害心之蟊賊.
이 욕 미 진 해 심   의 견 내 해 심 지 모 적

聲色未必障道, 聰明乃障道之藩屏.
성 색 미 필 장 도   총 명 내 장 도 지 번 병

욕심이 사람의 마음을 해치는 것이 아니라, 고집과 독선이야말로 선한 마음을 좀
먹는 해충이다.

가무와 여색이 도를 가로막는 것이 아니라, 스스로를 총명하다 여기는 것이야말
로 도를 가로막는 장애물이다.

- 전집 34

 이익을 얻고자 하는 마음은 결코 나쁜 것이 아니다. 하지만 자신의 생
각만을 고집하는 것은 나쁜 것이다. 가무와 여색이 반드시 삶의 장애물인
것은 아니다. 겸허함을 잃고 아는 체만 한다면 그것이야말로 발전에 방해
가 되는 것이다.

 요즘 들어 사람들이 풀 스윙에 찬사를 보내는 경향이 있다. 그래서인지
풀 스윙이야말로 '나다운 스윙'이라고 착각하는 선수도 있다. 선수 생활
막바지에 이르러 눈에 띄게 체력이 떨어졌는데도 무리하게 풀 스윙을 시
도한다. 그리고 나서 '나다운 스윙을 했는데도 제대로 치지 못했다면, 그

건 어쩔 수 없지' 하며 스스로 위로하곤 한다.

나는 이런 태도를 용납할 수 없다. 자신의 풀 스윙이 팀에 도움이 되던 시절이라면 모를까, 스윙은 스윙대로 해놓고 고작 범타로 물러나 팀에 누를 끼칠 바에는, 차라리 안 하느니만 못하지 않은가. 나는 이런 타자의 자세를 가리켜 '풀 스윙의 착각'이라고 부른다.

타격이란 모름지기 공이 배트에 맞는 순간 모든 힘이 그 공에 실려야 한다. 그래야 비거리가 늘어나고 홈런으로도 연결될 수 있다. 그러기 위해서는 긴장을 풀고 타격을 할 필요가 있다. 몸에 힘이 잔뜩 들어간 상태로 아무리 스윙을 한다 한들, 그 힘이 다 실릴 턱이 없다.

자신만이 옳다고 믿는 독선은 결국 자신의 발목을 붙들고 늘어질 뿐이다.

056
작심삼일도
시작이 있어야 가능하다

降魔者, 先降自心. 心伏則群魔退聽.
_{항마자 선항자심 심복즉군마퇴청}

馭橫者, 先馭此氣. 氣平則外橫不侵.
_{어횡자 선어차기 기평즉외횡불침}

악귀를 다스리려면 먼저 자신의 마음을 다스려야 한다.

마음을 다스리면 악귀들은 스스로 물러날 것이다.

남의 횡포를 제압하려면 먼저 자신의 사나운 기질을 제압하여야 한다.

마음이 평온해지면 외부의 횡포함도 침입하지 못할 것이다.

– 전집 38

    다가오는 유혹을 뿌리치려면 먼저 자신의 마음을 이겨 내야 한다. 간섭이나 방해를 뿌리치려면 먼저 자신의 마음을 제어할 수 있어야 한다.

    자신의 마음을 이기기란 참으로 어렵다. 특히 꾸준히 노력을 쌓는 것이 얼마나 어려운지 모두들 경험해 봐서 잘 알고 있으리라 생각한다.

    나는 "일단 하루만이라도 해보자"는 말을 자주 한다.

    에나츠 유타카가 난카이로 이적해 왔을 당시, 그는 혈액순환 장애로 힘이 실린 공을 던질 수 없는 상태였다. 점점 떨어져 가는 근력을 회복시키기 위해 그에게 트레이닝을 권했다.

"일단 하루만이라도 해봐. 아무것도 하지 않고 내일을 기다리느니 일단 해보고, 안 되면 그 때 그만두면 되지 않겠나?"

에나츠는 내키지 않는 얼굴로 트레이닝을 시작했다. 다음날, 캐치볼을 시켜 보니 그의 표정이 변해 있었다. 그도 프로투수인 만큼 뭔가 달라졌다는 것을 감지했으리라. 묵묵히 트레이닝을 한 결과 에나츠는 점점 힘이 돌아오기 시작했고, 이윽고 투구 수 50개 정도는 너끈히 던질 만큼 기력을 회복했다.

작심삼일이라는 말이 있지만, 이는 시작이 있어야 가능한 말이다.

'첫날 해내면 삼 일을 할 수 있고, 삼 일을 해내면 한 달을 할 수 있으며, 한 달을 해내면 일 년을 할 수 있다.'

나는 마음속으로 늘 이렇게 생각하며 고된 훈련을 견뎌 왔고 그렇기에 나태해지려는 내 마음과 싸워 이길 수 있었다.

057
지나치게 섬세해도 안 되고, 지나치게 대범해도 안 된다

念頭濃者, 自待厚, 待人亦厚, 處處皆濃.
_{염 두 농 자 자 대 후 대 인 역 후 처 처 개 농}

念頭淡者, 自待薄, 待人亦薄, 事事皆淡.
_{염 두 담 자 자 대 박 대 인 역 박 사 사 개 담}

故君子, 居常嗜好, 不可太濃艶, 亦不宜太枯寂.
_{고 군 자 거 상 기 호 부 가 태 농 염 역 불 의 태 고 적}

마음이 후한 사람은 자신에게도 남에게도 후하여, 어디서나 후한 법이고,
마음이 야박한 사람은 자신에게도 남에게도 야박하여, 모든 일에 야박한 법이다.
그러므로 군자는 평상시의 기호가 지나치게 후해서도 안 되고, 지나치게 야박해
서도 안 된다.

– 전집 41

염색 금지, 장발 금지, 수염 금지.

감독을 하면서 선수들에게 이런 금지령을 내려 왔기에, 나를 잔소리꾼
이라 여길 수도 있을 것이다. 하지만 내가 선수의 외모에 간섭하는 것은
'흐트러진 머리는 곧 마음의 흐트러짐'이라는 말도 있듯이, 사회인으로서
볼썽사나운 모습을 보이지 말라는 취지일 뿐이다. 필요 이상으로 절약하
라는 둥, 현미밥만 먹으라는 둥, 이런 사소한 참견은 전혀 하지 않았다.

오히려 팬들에게 꿈을 심어 주기 위해서라도 "좋은 차를 타고 다녀라",

"좋은 옷을 입어라"와 같은 말은 한 적이 있다.

사람을 대할 때 어느 정도의 거리감이 필요한 것은 맞다. 나는 야구에서만큼은 결코 타협하는 일 없이 최대한 세세하게 지시를 내리지만, 선수의 사생활까지 간섭한 적은 없다. 옛날 감독들은 빨리 가정을 꾸려 마음의 안정을 찾으라며 결혼 상대를 주선하기까지 했지만, 나는 그 정도까지 개입하지는 않았다.

섬세한 사람은 배려가 깊고 모든 면에서 세심하다. 반면 대범한 사람은 집착이 덜 하고 시원시원하다.

사람을 사귈 때는 지나치게 섬세해도 안 되고, 지나치게 대범해도 안 된다. 비즈니스상의 인간관계에서는 특히 더 그렇다. 일과 관련하여 타협하는 일 없이 자기주장을 펼쳐 나가되, 공과 사를 확실히 구분해야 한다.

058
사람의 마음을 움직이는 것은
부와 명예가 아니라 마음이다

進德修道, 要個木石的念頭. 若一有欣羨, 便趣欲境.
진 덕 수 도   요 개 목 석 적 염 두   약 일 유 흔 선   변 추 욕 경
濟世經邦, 要段雲水的趣味. 若一有貪着, 便墮危機.
제 세 경 방   요 단 운 수 적 취 미   약 일 유 탐 착   변 타 위 기

덕과 도를 수양하는 데는 목석과 같은 무욕無欲의 마음을 지녀야 한다.
조금이라도 탐내고 부러워하는 마음이 있으면 이내 탐욕의 구렁텅이에 빠져들게
된다.
세상을 구하고 나라를 다스리는 데는 흐르는 구름과 물처럼 무심한 정취를 지녀
야 한다.
조금이라도 탐하고 집착하는 마음이 있다면 이내 위태로운 상황에 처하게 된다.

- 전집 46

"대체 무엇 때문에 그토록 연습하는 겁니까? 대체 무엇 때문에 그토록
힘들게 일하는 겁니까?"

요즘 사람들은 매사에 이해득실을 따지는 경향이 있다. 앞의 질문에 '자
기 자신을 위해', '세상과 다른 사람을 위해'라고 대답한들, 타산적이고 실
리를 추구하는 젊은이들에게는 통하지 않을지 모른다. 하지만 사람의 마
음을 움직이는 것은 역시 부와 명예가 아니라 '마음'이다.

사람으로서 덕을 쌓고 올바른 길을 걷고자 한다면 목석과 같은 무욕無

欲의 마음이 필요하다.

세상을 위해 힘쓰고자 한다면 구름과 물처럼 누구에게도 구속 받지 않는 자유로운 마음이 필요하다.

이 구절이 말하고자 하는 것은 조금이라도 부와 명예를 동경하면 곧 욕망에 빠지게 되고, 조금이라도 부를 탐하고 집착하면 곧 위기가 찾아온다는 뜻이다.

무심무욕無心無慾의 마음으로 노력한 결과, 자연스레 부와 명예가 따라왔다면 이보다 이상적인 삶은 없을 것이다.

무심무욕의 마음으로 노력하되, 자신의 실력을 키우고 향상시키는 데는 오히려 욕심을 가져야 한다고 생각한다. 스스로에 대한 욕심과 목표가 없으면 부와 명예는 영영 손에 넣을 수 없다.

059
마음을 움직이는 기술

春至時和, 花尙鋪一段好色, 鳥且囀幾句好音.
춘 지 시 화　화 상 포 일 단 호 색　조 차 전 기 구 호 음

士君子幸列頭角, 復遇溫飽.
사 군 자 행 렬 두 각　부 우 온 포

不思立好言行好事, 雖是在世百年, 恰似未生一日.
불 사 입 호 언 행 호 사　수 시 재 세 백 년　흡 사 미 생 일 일

화창한 봄이 찾아오면 꽃은 한층 더 아름다운 빛을 자아내고 새의 지저귀는 소리
또한 한층 더 맑아진다.
선비나 군자가 출세하여 호의호식하면서도, 참된 뜻을 세우고 행하려 하지 않는
다면 백 년을 산다 해도 하루도 살지 않은 것이나 다름없다.

— 전집 60

봄이 찾아오면 꽃의 빛깔은 점점 진하게 물들고, 새의 지저귐도 아름다
움을 더한다. 선택 받아 높은 지위에 오른 것만으로는 엘리트라고 할 수
없다. 높은 자리에서 잘난 척 거드름을 피우기보다, 자신의 지위에 걸맞
은 가치 있는 일에 도전해야 한다. 그렇지 않으면 백 년을 산다 해도 하루
도 살지 않은 것이나 다름없다.

프로야구 선수는 야구계에서는 엘리트 중의 엘리트라고 할 수 있다. 드
래프트(신인 선수를 선발하는 일)에서 지명 받아 프로의 문을 두드리는
선수는 매년 100명도 채 되지 않기 때문이다. 일본 고교야구연맹에서 조

사한 2013년 자료에 의하면, 고등학교 정식 야구부 인원은 16만 7,088명이라고 한다. 이 숫자만 보더라도 프로야구 선수가 되는 것이 얼마나 어려운 일인지 짐작할 수 있다. 그렇기에 더더욱 프로야구 선수는 야구 전문가가 되어야 한다고 늘 선수들에게 강조해 왔다.

"자네들은 사회인 야구팀이나 학교 야구부에 소속된 아마추어가 아냐. 직업으로 야구를 할 수 있다는 사실에 감사하라고! 하루 종일 야구만 생각한다고 해서 누가 뭐라 하겠어! 이보다 행복한 일이 또 어디 있겠나!"

선수들이 야구에 더욱 깊이 몰입하여 갈고닦은 기술을 선보이면, 틀림없이 지금보다 더 많은 관중들이 돈을 내고 야구장에 찾아올 것이다. 관객을 위한다는 것은 화려하고 호쾌한 플레이만을 뜻하는 것이 아니다. 시합을 지켜본 관중들이 "나도 내일부터 힘을 내야지"라는 마음을 가질 수 있도록, 마음을 움직이는 기술을 선보이는 것이 프로야구 선수의 사명이다.

060
장점을 살리려면
단점을 더 단련해야 한다

氣象要高曠, 而不可疎狂, 心思要縝密, 而不可瑣屑.
<small>기 상 요 고 광   이 불 가 소 광   심 사 요 진 밀   이 불 가 쇄 설</small>

趣味要冲淡, 而不可偏枯, 操守要嚴明, 而不可激烈.
<small>취 미 요 충 담   이 불 가 편 고   조 수 요 엄 명   이 불 가 격 렬</small>

기상은 높고 넓어야 하나 세상일에 어두워 행동이 거칠지 않아야 하고,

생각과 사상은 치밀해야 하나 자질구레하고 좀스럽지 않아야 한다.

정취는 담백, 소탈해야 하나 한쪽으로 치우쳐 메마르지 않아야 하고,

지조를 지킴은 엄격하고 분명해야 하나 지나치게 과격하지 않아야 한다.

– 전집 81

꿈은 높이 두어야 하나, 현실에서 지나치게 벗어나서는 안 된다. 생각은 치밀해야 하나, 소소한 일에 지나치게 집착해서는 안 된다. 감정은 담백해야 하나, 지나치게 차가워서는 안 된다. 의지는 바위처럼 단단해야 하나, 지나치게 엄격하고 완강해서는 안 된다.

꿈은 아무리 높아도 상관없다. 생각 역시 치밀할수록 좋다. 특히 준비 단계에서는 더더욱 그렇다. 감정은 행동의 원천이다. 그리고 굳은 의지가 없으면 끝까지 해낼 수 없다. 꿈, 생각, 감정, 의지. 이 네 가지는 모두 인생에서 성공하기 위해 반드시 필요한 요소들이다. 하지만 도가 지나치면 장점도 한순간에 단점으로 변모하고 만다.

꿈을 아무리 높게 가진들 현실과 동떨어져 있으면 목표에 도달할 수 없다. 아무리 치밀하게 생각한들 결단력이 없으면 행동으로 옮길 수 없다. 감정이 담백한 것은 객관성을 유지한다는 의미에서는 유익하지만, 차가워지면 느끼는 힘, 즉 감성이 무뎌지고 만다. 의지가 지나치게 단단하면 편협해질 수 있다.

최근 '결점은 덮어 두고 장점을 키워 나가면 된다'는 생각과 풍조가 만연해 있는데, 나는 이런 풍조에 의문을 품지 않을 수 없다. 왜냐하면 나는 프로로 성공하기 위해서는 "장점을 살리고자 한다면 단점을 더 단련하라"고 늘 선수들에게 말해 왔기 때문이다.

061
근거 없는 희망은
욕심과 다를 게 없다

念頭起處, 纔覺向欲路上去, 便挽從理路上來.
염 두 기 처   재 각 향 욕 로 상 거   변 만 종 리 로 상 래

一起便覺, 一覺便轉.
일 기 변 각   일 각 변 진

此是轉禍爲福, 起死回生的關頭. 切莫輕易放過.
차 시 전 화 위 복   기 사 회 생 적 관 두   절 막 경 이 방 과

떠오른 생각이 욕심에 치우쳐 있음을 깨달았을 때는 바로 도리에 맞는 길로 돌려
야 한다.

생각이 떠오르면 곧 깨달아야 하고, 깨달았다면 바로 올바른 방향으로 돌려야 한다.

이것이야말로 전화위복, 기사회생의 기회인 것이니 결코 가벼이 지나쳐서는 안
된다.

– 전집 86

　자신의 마음이 사리사욕에 넘어가려 할 땐 바로 올바른 길로 돌아가라.
욕심 때문에 망설임이 생길 경우, 즉시 올바른 방향으로 전환하라. 그것이
야말로 전화위복, 기사회생의 기회를 잡을 수 있는 몇 안 되는 방법이다.

　실수를 곧바로 바로잡는 건 결코 쉬운 일이 아니다. 사람은 대체로 현상
유지를 선호하기 마련이고, 특히 일에 있어서는 더욱 그렇다. 팀이 한 번 방
향을 정해 나아가다가 도중에 방향을 바꾸기란 여간 어려운 일이 아니다.

포수에게 필요한 것은 바로 '변화를 감지하는 눈'임을 항상 강조해 왔다. 타석에 서 있는 타자는 투수의 공 하나에도 무수한 심리 변화를 일으킨다. 포수는 이 심리 변화를 감지해야 한다.

'초구는 직구로 한가운데 스트라이크. 그럼 다음에는 어떤 공을 노릴까? 아직 볼카운트가 불리한 건 아니니 직구 하나 정도는 풀스윙하려나. 아니면 직구 다음은 변화구라고 생각할까?'

가장 위험한 것은 '이번에 치겠지', '이번에는 거를 거야'라며 근거 없이 짐작하는 것이다. 이처럼 '~겠지', '~거야' 하는 추측은 투수의 단순한 바람에 지나지 않는다. 즉, '이번에 제발 쳐라', '이번에는 제발 놓쳐라' 하는 욕심과 다를 바 없다. 바람이나 소원은 대체로 일방적인 측면이 있기 때문에 예상과는 다른 결과가 나올 때가 많다. 미숙한 투수의 '통한의 1구'는 대부분 근거 없는 희망에 의한 어설픈 판단에서 비롯된다.

062
사념을 없애면 진정한 내면의 모습을
볼 수 있다

靜中念慮澄徹, 見心之眞體. 閒中氣象從容, 識心之眞機.
정 중 념 려 징 철　견 심 지 진 체　한 중 기 상 종 용　식 심 지 진 기
淡中意趣冲夷, 得心之眞味. 觀心證道, 無如此三者.
담 중 의 취 충 이　득 심 지 진 미　관 심 증 도　무 여 차 삼 자
고요한 가운데 생각이 맑으면 마음의 참된 모습을 볼 수 있고,
한가한 가운데 기상이 차분하면 마음의 참된 기틀을 알 수 있다.
담담한 가운데 정취가 평온하면 마음의 참된 맛을 얻을 수 있으니,
마음을 살피고 이치를 깨달음에 있어 이 세 가지만 한 것이 없다.

– 전집 87

　나는 지금도 혼자 책을 읽거나 텔레비전을 보며 곧잘 밤을 지새우곤 한
다. 그리고 누가 말이라도 걸지 않는 이상 열 시간 이상 죽은 듯이 잘 수
도 있다.

　"칠십이 넘으면 그렇게 오래 못 자는데, 노무라 씨는 아직 젊네요."

　이렇게 우스갯소리로 말하는 사람도 있지만, 아무튼 나는 밤을 새든 잠
을 자든, 오랜 시간 혼자 있는 것이 그리 힘들지 않다. 호젓하게 시간을
보내고 있노라면 문득 궁금한 게 떠올라 자문자답을 하기도 한다.

　선수 시절, 한번은 이런 일이 있었다. 당시 슬럼프에 빠져 있던 나는 한

쪽 구석에서 조용히 무릎을 감싼 채 앉아 있었다. 그런데 불현듯 '왜 슬개골(무릎뼈)은 접시 모양으로 생겼지?' 하는 궁금증이 생겼다. 이리저리 생각한 끝에 결국 답을 찾을 수 있었다.

'아, 그렇지! 무릎은 상하좌우로 자유로이 움직이는 관절이니까 접시 모양의 슬개골이 없으면 조절이 어렵겠군!'

당시 코치는 내게 어깨 힘을 빼라고 여러 번 충고했다. 그때 문득 '무릎을 따뜻하게 하면 어떨까?' 하는 생각이 떠올랐다. 아니나 다를까, 무릎을 따뜻하게 하니 몸 전체에 긴장이 풀리면서 어깨와 팔꿈치, 손목에도 쓸데없는 힘이 들어가지 않았다. 그제서야 어깨 힘을 빼는 게 어떤 것인지 실감할 수 있었다.

조용한 곳에서 잡념을 지우고 생각하면 진정한 내면의 모습을 볼 수 있다. 이렇듯 평온한 환경에서 마음을 안정시키고 생각에 잠기면 진정한 마음의 움직임과 풍성함을 만끽할 수 있다.

고요함 속의 자문자답이야말로 새로운 발상을 가능케 하는 원동력이다.

063
분노와 감정을 겉으로 드러내면
상대에게 이용당한다

覺人之詐, 不形於言, 受人之侮, 不動於色,
각 인 지 사　불 형 어 언　수 인 지 모　부 동 어 색

此中有無窮意味, 亦有無窮受用.
차 중 유 무 궁 의 미　역 유 무 궁 수 용

남이 속이는 것을 깨닫더라도 말로 표현하지 않고, 남에게 멸시 받더라도 낯빛 하나 바꾸지 않는다면, 그 가운데 무한하고도 깊은 뜻과 덕이 있는 것이다.

− 전집 126

　남이 속이는 것을 깨닫더라도 말로 표현하지 않고, 남에게 멸시 받더라도 낯빛을 바꾸면 안 된다. 이는 곧 그 사람의 됨됨이를 나타내며, 인간관계에 있어 헤아릴 수 없을 만큼 큰 효과를 가져온다.

　'철가면(포커페이스)'이라는 별명을 가진 선수들이 있다. 감정을 겉으로 드러내지 않기 때문인데, 개중에는 감정 표현이 서툴러 그렇게 불리는 선수도 있다. 타카스 요스케도 그중 한 명이다. 라쿠텐 감독 시절, 내 밑에서 2루수를 보았던 선수다. 시합 중에는 거의 말이 없고, 타석에서도 항상 무표정이다. 체격은 작은 편이었지만 승부욕이 강했고, 그가 타석에 섰을 때 주자가 득점권에 나가 있으면, 열 번에 아홉 번은 점수를 뽑아내는 선수였다.

한신의 토리타니 타카시도 겉으로 감정을 드러내지 않는 선수로 유명하다. 타카스나 토리타니 같은 선수들은 오는 공에 맞추어 타격하는 타입이 아니다. 좌측으로 칠지, 우측으로 칠지, 직구를 노릴지, 변화구를 노릴지를 미리 정해 놓고 타석에 서는 경우가 대부분이다. 하지만 상대팀 선수들은 그들의 철가면 뒤에 숨겨진 본심을 읽지 못하고 당하고 만다.

분노와 감정을 겉으로 드러내면 상대에게 이용당하기 쉽다. 감정은 마음속 깊숙한 곳에 넣어 두고 자신이 옳다고 믿는 신념을 관철해야 한다. 상대의 부추김과 유혹에 마음을 어지럽히지 말고 먼저 상대의 생각을 읽어야 한다. 타카스가 상대에게 통렬한 일격을 안기는 것처럼 말이다.

064
반성할 줄 아는 사람은 모든 것을 인생의 좋은 약으로 삼을 수 있다

反己者, 觸事皆成藥石. 尤人者, 動念即是戈矛.
반 기 자 촉 사 개 성 약 석   우 인 자   동 념 즉 시 과 모

一以闢衆善之路, 一以濬諸惡之源, 相去霄壤矣.
일 이 벽 중 선 지 로   일 이 준 제 악 지 원   상 거 소 양 의

자신을 돌이켜보고 반성할 줄 아는 사람은, 모든 것을 인생의 좋은 약으로 삼을
수 있다.

모든 것을 남의 탓으로 돌리며 책임을 회피하는 사람은 그 마음이 자신을 향한
칼이 되어 돌아온다.

하나는 올바른 길을 여는 것이지만 다른 하나는 악의 근원을 이루는 것이니, 반
성과 회피는 하늘과 땅만큼의 차이가 있다.

– 전집 146

자신을 돌이켜보고 반성할 줄 아는 사람은 모든 일을 교훈으로 삼을 수
있다. 하지만 모든 일을 남의 탓으로 돌리며 책임을 회피하는 사람은, 그
마음이 자신을 향한 칼이 되어 돌아온다. 반성하는 것은 곧 올바른 길을
걷는 것이지만, 남을 탓하는 것은 모든 악의 근원을 이룬다. 즉, 둘 사이
에는 하늘과 땅만큼의 차이가 있다.

타나카 마사히로는 프로 2년 차 때 길을 잘못 내디딘 적이 있다. 나는
본디 투수의 기본은 '제구'라는 신념을 가지고 있다. 하지만 타나카는 자

신의 직구 구속을 높이는 데 집중하고 있었고, 나는 아직 젊은 투수니 그 자신에게 맡겨도 괜찮겠다고 여겨 모른 척했다. 하지만 구속을 올리는 데만 신경 쓴 나머지, 투구 폼이 무너져 버리고 말았다. 타나카는 투수의 기본은 역시 '제구'라는 사실을 깨닫고 반성한 후, 3년 차 때부터는 투수의 출발점이라 할 수 있는 바깥쪽 낮은 코스의 제구에 더 힘을 쏟게 되었다. 그러자 투구 폼도 안정을 되찾았고, 그가 그토록 원했던 구속과 구위도 향상되었다.

그를 보며 평소 내가 갖고 있던 신념을 굽힌 것을 후회했다. 타나카가 2년 차 때 보였던 실책은 내게도 어느 정도 책임이 있다고 생각했기 때문이다. 하지만 타나카는 자신이 부진한 원인을 다른 사람 탓으로 돌리지 않았다. 만약 그가 조금이라도 그렇게 여겼다면 아마도 방황의 시간이 더 길어졌을지 모른다. 또한 오늘날 일본을 대표하는 투수로서도 자리매김 하지 못했을 것이다.

실패한 후에 자신을 되돌아보고 실패의 원인을 찾아 다시 나아가려고 하는 것. 이것이 가치 있는 삶인지 아닌지를 결정한다.

065
근면과 검소는 윗사람이 지녀야 할 덕목이다

勤者敏於德義, 而世人借勤以濟其貧.
근 자 민 어 덕 의　　이 세 인 차 근 이 제 기 빈

儉者淡於貨利, 而世人假儉以飾其吝.
검 자 담 어 화 이　　이 세 인 가 검 이 식 기 인

君子持身之符, 反爲小人營私之具矣. 惜哉.
군 자 지 신 지 부　　반 위 소 인 영 사 지 구 의　　석 재

근면이란 본래 도덕과 의리의 실천에 힘쓰는 것이거늘, 세상 사람들은 근면함을
빌어 자신의 가난을 구제하기 바쁘다.

검소란 재물과 이익에 탐욕스럽지 않은 것이거늘, 세상 사람들은 검소함을 빌어
자신의 인색함을 정당화하기에 바쁘다.

군자의 수양법이 오히려 소인배들의 사리사욕을 도모하는 도구가 되었으니 이
얼마나 안타까운 일인가.

– 전집 163

　　근면이란 본래 덕을 실천하는 데 힘쓰는 것을 뜻하는 말인데, 흔히 재
산을 불리기 위해 일하는 모습을 근면한 것으로 착각한다. 검소란 본래
재물에 집착하지 않는 것을 말하지만 인색함을 정당화하기 위해 사용되
고 있다.

　　본래 근면과 검소 모두 군자의 마음가짐을 나타내는 단어였다고 한다.
그런데 그것이 언제부턴가 사리사욕을 추구하는 방편처럼 사용되고 있

다. 요즘 우리 사회는 매사에 이해득실을 따지고 모든 것을 돈으로 환산하려는 경향이 있다.

한신 감독 시절, 구단주에게 "감독만으로는 이길 수 없습니다. 에이스와 4번 타자, 중심선수가 필요합니다"라고 대놓고 요구한 적이 있다. 그러자 구단주가 "요미우리의 방식이 옳다는 거요?!"라며 얼굴을 붉히면서 고함을 치는 게 아닌가. 나는 "그게 꼭 잘못된 건 아니죠!"라고 되받아쳤다.

내가 화가 난 것은 나를 감독 자리에 앉혀 선수를 육성하는 게 비싼 몸값의 선수를 영입하는 것보다 비용이 적게 든다고 생각하는 구단의 속내가 엿보였기 때문이다.

구단은 그야말로 근면과 검소의 의미를 단단히 착각하고 있었다.

066
충동적으로 일을 벌이는 사람은
오래 지속하지 못해 성취하는 게 없다

憑意興作爲者, 隨作則隨止, 豈是不退之輪.
빙 의 흥 작 위 자   수 작 즉 수 지   기 시 불 퇴 지 륜

從情識解悟者, 有悟則有迷, 終非常明之橙.
종 정 식 해 오 자   유 오 즉 유 미   종 비 상 명 지 등

충동적으로 일을 벌이는 사람은 시작해도 곧 그만두게 되니, 어찌 앞으로 나아가
는 수레바퀴가 될 수 있겠는가.

감정으로 얻은 일시적인 깨달음은 이내 혼미해지니, 결코 영원히 밝은 등불이 될
수 없다.

- 전집 164

"결단을 내리는 데 근거는 필요 없다. 필요한 건 오직 용기뿐이다."

나는 승부를 결정해야 할 때는 이처럼 용기를 중요히 여긴다. 하지만
용기와 충동은 근본적으로 다르다. 생각나는 대로 충동적으로 일을 벌이
는 사람은 금방 여러 문제가 드러나, 결국 오래가지 못하고 무엇 하나 제
대로 이루지 못한다. 또한 직감에 따라 감정적으로 일의 옳고 그름을 가
리는 사람은 쉽게 신념이 무너진다.

모름지기 결단에는 판단의 근거가 필요한 법이다. 타자가 다음 공을 칠
지 거를지 판단하기 위해서는 투수가 다음에 어떤 공을 던질지 예측해야

한다. 그리고 예측을 하려면, 자신과 투수와의 힘 차이, 이전 타석에서 자신이 어떻게 아웃되었는지(혹은 어떻게 쳤는지), 구질은 무엇이었는지 등의 기록이 필요하고, 점수 차이나 경기 흐름, 볼카운트 등도 중요한 판단 재료가 된다.

이러한 판단 재료를 두루 고려해 예측한 후, 비로소 다음 공을 칠지 말지 정하는 것이다. 용기가 필요한 순간은 바로 마지막 결단을 내리는 그 순간뿐이다. 즉흥적인 생각이나 직감, 충동과 용기가 얼마나 다른지 이제 이해했으리라 생각한다.

자, 여기 아무런 근거 없이 그저 과감하게 해보겠다는 생각만으로 타석에 선 타자가 있다. 초구부터 풀스윙, 하지만 결과는 보기 좋게 헛스윙…. 이런 타자가 타석에서 어떤 결과를 낼지는 안 봐도 뻔하다.

067
잡는 사람, 돕는 사람

爲鼠常留飯, 憐蛾不点燈.
_{위 서 상 류 반　연 아 불 점 등}

古人此等念頭, 是吾人一点生生之機.
_{고 인 차 등 염 두　시 오 인 일 점 생 생 지 기}

無此便所謂土木形骸而已.
_{무 차 변 소 위 토 목 형 해 이 이}

쥐를 위하여 항상 밥을 남겨 놓고, 나방을 가엾게 여겨 등불을 켜지 않는다.

옛 사람의 이러한 가르침은 우리 인간이 살아가는 데 있어 필요한 마음가짐이다.

이러한 마음가짐이 없는 사람은 흙이나 나무로 만들어진 인형과 다를 바 없다.

– 전집 170

'쥐를 위하여 항상 밥을 남겨 놓고, 나방을 가엾게 여겨 등불을 켜지 않는다.'

옛 사람의 이러한 배려야말로 사람으로서 살아가기 위해 필요한 마음가짐이다. 이러한 마음가짐이 없다면 흙이나 나무로 만들어진 인형과 다를 게 없을 것이다.

포수는 한자로 '捕手(잡을 포, 손 수)'라고 쓰지만, 나는 '補手(도울 보, 손 수)'라고 여기고 있다. * '돕는 사람' 즉, 투수에 힘을 보태 승리를 돕는다는 의미다.

투수가 던지는 공을 잘 받아 내고, 타석에서 잘 치기만 하면 된다고 생각하는 포수는 설마 없겠지만, 투수의 능력을 잘 끌어내 승리로 이끄는 역할을 제대로 해내지 못한다면, 포수는 그야말로 단지 '잡는 사람'일 뿐, '돕는 사람'은 되지 못한다.

"노무라 씨와 짝을 이뤘던 투수는 성적을 절반은 깎고 들어가야 돼요."

일찍이 '빨간 헬멧 군단(히로시마 도요 카프의 애칭)'을 진두지휘했던 코바 타케시 감독에게 트레이드를 요청했더니, 이런 말을 하는 게 아닌가. 10승을 올린 투수도 다른 팀에 가면, 포수가 그만큼 투수의 능력을 이끌어 내지 못해, 기껏해야 5승 정도밖에 거두지 못한다는 것이다.

투수의 능력을 최대한 이끌어 내어, 팀이 승리를 거둘 수 있도록 끊임없이 노력해 온 내게 이보다 더한 칭찬은 없을 것이다.

---

* 捕手(포수)와 補手(보수)는 둘 다 일본어로 'ほしゅ'라고 쓰며 발음이 같다.

068
타인의 아첨과 아부를
조심해야 한다

讒夫毁士, 如寸雲蔽日, 不久自明.
_{참 부 훼 사   여 촌 운 폐 일   불 구 자 명}
媚子阿人, 似隙風侵肌, 不覺其損.
_{미 자 아 인   사 극 풍 침 기   불 각 기 손}

중상모략을 일삼는 사람은 한 조각 구름이 태양을 가린 것처럼, 오래 지나지 않
아 그 진실이 드러난다.
아첨하는 사람은 틈새바람이 살갗에 스미는 것처럼, 자신도 모르는 사이에 큰 피
해를 입게 된다.

- 전집 192

　중상모략을 일삼는 사람은 조각 구름이 태양을 가렸다 시간이 지나면
사라져 버리는 것처럼, 진실이 드러나면 흔적도 없이 사라질 수 있다. 또
한 타인의 아첨과 아부에는 주의를 기울여야 한다. 조금씩 스며든 틈새바
람에 감기 걸리듯, 자신도 모르는 사이에 해를 입게 되는 경우가 많다.
　한신 감독 시절, 이 말을 뼈저리게 경험한 적이 있다. 한신은 인기 구단
인지라 갓 입단한 신인 선수에게까지 스폰서가 접근한다. 또 언론은 1군
에서 고작 한두 시합 활약한 선수를 스타로 대접한다. 이것이야말로 아첨
과 아부가 아니고 무엇이겠는가. 장래가 촉망되는 젊은 선수가 쓸데없는

데 시간을 빼앗겨 훈련도 제대로 못하고, 갖고 있는 소질을 망쳐 가는 경우를 더러 봐 왔다.

더 잘하고 싶고, 더 활약해서 인정 받고 싶은 욕구야말로 선수에게 있어 노력의 원천이 되는 법이다. 하지만 한신처럼 인기 있는 팀에 있다 보면 '네가 잘 안 풀리는 건 너를 기용하지 않는 감독, 기회를 주지 않는 코치 탓'이라며 속닥거리는 무리가 많아 그 꼬임에 넘어가고 마는 것이다.

프로의 세계에서는 성공과 실패 모두 선수 자신의 실력에 달려 있어야 하는 법이다. 하지만 약한 조직일수록 '성공은 내 덕, 실패는 네 탓'이라는 풍조가 생겨나는 경우가 많다. 그 배경에는 틀림없이 아첨과 아부로 얼룩진, 바르지 못한 인간관계가 자리잡고 있을 것이다.

069
재능이나 부를 부여 받은 사람은
세상을 이롭게 할 사명이 있다

天賢一人以誨衆人之愚, 而世反逞所長以形人之短.
천 현 일 인 이 회 중 인 지 우   이 세 반 령 소 장 이 형 인 지 단

天富一人以濟衆人之困, 而世反挾所有以凌人之貧.
천 부 일 인 이 제 중 인 지 곤   이 세 반 협 소 유 이 능 인 지 빈

眞天之戮民哉.
진 천 지 륙 민 재

하늘이 한 사람을 현명하게 하여 뭇 사람들의 어리석음을 깨우치도록 했으나,

오히려 자신의 지혜를 내세워 남의 단점만 들추어내고 있고,

하늘이 한 사람을 부유하게 하여 뭇 사람들의 가난을 구제하도록 했으나,

오히려 자신의 재화를 남용해 가난한 이를 업신여기고 있으니,

이들은 천벌을 받아도 어찌 할 수 없는 죄인들이다.

- 전집 215

하늘로부터 재능을 부여 받은 사람은 자신보다 부족한 대중을 교육하고 지도해야 할 사명을 가지고 있다. 하지만 대부분은 자신의 지식이나 재능을 과시하며 타인의 단점을 비판한다. 하늘로부터 부를 부여 받은 사람은 힘든 처지의 사람들을 구제할 사명을 가지고 있다. 하지만 대부분은 자신의 재산을 남용해 가난한 사람들을 더욱 괴롭게 만든다. 하늘로부터 재능이나 부를 부여 받은 사람에게는 세상을 보다 이롭게 할 사명이 있건

만, 이래서는 죄인과 다를 게 없다.

선수들은 흔히 '야구에게 신세졌으니 이제 그 은혜를 갚고 싶다'고들 말한다. 물론 나 역시 그런 생각이 없는 것은 아니다. 야구가 없었다면 지금의 나는 없었을 테니까. 그러므로 야구를 통해, 지금까지 받은 은혜를 사회에 환원하고 싶은 마음이 드는 건 지극히 당연하다.

프로야구와 학생야구의 대립 관계가 해소되어, 앞으로는 다수의 프로야구 출신들이 고등학교나 대학 야구부 지도자로서 이름을 내걸 것이다. 프로야구 출신들은 이를 두고 '야구에 은혜를 갚는다'고 말하겠지만, 나는 그들에게 '올바른 형태로 은혜를 갚아 달라'는 부탁을 하고 싶다. 즉, 학생들에게 '올바른 야구'를 가르치길 바란다. 개개인의 기량을 갈고닦는 것뿐만 아니라, 야구는 팀 스포츠임을 올바르게 전달해야 한다.

인성교육 측면에서는 교원 자격증을 보유하고 있는 현재 고교야구 지도자 쪽이 더 뛰어날지도 모른다. 그렇다면 프로야구 출신들이 해야 할 역할이란 무엇일까? 그것은 바로 올바른 기술을 통해 경기의 수준을 올바르게 향상시키는 것이다.

070
입은 마음의 문이니
단단히 지켜야 한다

口乃心之門, 守口不密, 洩盡眞機.
구 내 심 지 문 수 구 불 밀 설 진 진 기
意乃心之足, 防意不嚴, 走盡邪蹊.
의 내 심 지 족 방 의 불 엄 주 진 사 혜

입은 마음의 문이니 긴밀히 지키지 않으면 참된 기운이 모두 새어 나가고 만다.
뜻은 마음의 발이니 엄중히 지키지 않으면 그릇된 길로 치닫고 만다.

- 전집 217

입은 마음의 문이다. 평소 신중하게 말조심을 하지 않으면 반드시 지켜
야 할 비밀까지 전부 새어 나가게 될 것이다. 뜻은 마음의 발이다. 똑바로
생각하고 행동하지 않으면 점점 잘못된 방향으로 치닫게 될 것이다.

'타도! 이나오 카즈히사!'

프로 입단 4년 차 되던 1957년, 처음으로 홈런왕 타이틀을 거머쥔 후 내
가 세운 목표다. 이나오의 공을 공략하지 못하면 팀의 승리도, 내 타이틀
도 없는 것이나 마찬가지였기 때문이다. 메이저리그 전설의 타자, 테드
윌리엄스의 책에서 '어떤 투수라도 특유의 버릇이 있다'라는 구절을 읽
고, 친구에게 부탁해 이나오의 투구 폼을 촬영한 적이 있다.

아니나 다를까, 영상에서 힌트를 찾을 수 있었다. 이나오가 바깥쪽으로

던질 때는 공의 흰 면이 많이 보였다. 이나오의 결정구는 슬라이더인데, 직구처럼 빠르게 들어오다 타자 앞에서 미끄러지듯이 바깥쪽으로 휘어져 나가는 변화구다. 슬라이더는 던질 때 손가락을 벌리지 않는 투구법이기 때문에 흰 면이 많이 보였던 것이다. 흰 면이 많이 보이면 바깥쪽, 적게 보이면 몸쪽. 몇 번 더 타석에서 이를 확인하고 나니 100퍼센트 확신을 가질 수 있었다. 그리고 몸쪽 공을 노려 2루타를 쳐내니 마운드의 이나오는 이상하다는 듯 고개를 갸웃거렸다.

그런데 얼마 지나지 않아 열린 올스타전에서 동료 스기우라가 사고를 치고 말았다. "노무라가 얼마나 연구를 많이 하는데"라며 이나오에게 다 발설해 버리고 만 것이다. 나는 말하지 말라며 불같이 화냈지만 이미 엎질러진 물이었다.

다음 시합, 이나오와의 대결에서 판도는 완전히 달라졌다. 공의 흰 면이 적게 보여 몸쪽 공이라 생각했는데 바깥쪽 슬라이더였다. 이나오는 내게 씩 웃음을 지어 보였다.

이처럼 정말 중요한 이야기는 부모 형제에게도 말하지 않아야 한다.

071
바쁠수록 냉정함을, 한가할수록 열정을 잊지 말아야 한다

熱鬧中著一冷眼, 便省許多苦心思.
열 료 중 착 일 냉 안   변 성 허 다 고 심 사

冷落處存一熱心, 便得許多眞趣味.
냉 낙 처 존 일 열 심   변 득 허 다 진 취 미

정신없이 바쁘더라도 냉정하게 바라볼 수 있는 안목이 있다면 많은 괴로움을 줄일 수 있고,

어려운 상황에 처했을 때도 열정적인 마음이 있다면 참된 즐거움을 많이 얻을 수 있다.

– 후집 59

바쁘게 일할 때일수록, 냉정하게 바라볼 수 있는 안목을 지닌다면 초조하고 불안할 일이 없다. 반대로 한직으로 내쫓기거나 어려운 상황에 처했을 때, 열정을 잊지 않고 열심히 하면 참된 즐거움과 보람을 느낄 수 있다.

인생은 마음먹은 대로 되지 않기 마련이다. 일이 잘 풀릴 때는 기세에 힘입어 뭐든 잘 될 거라고 여기지만, 결국엔 분주함에 쫓기고 조급하게 굴다 실패하는 경우가 많다.

기회에 매몰되지 않으려면 한 걸음 뒤로 물러나는 자세가 필요하다. 반대로 위기를 기회로 바꾸기 위해서는 한 걸음 앞으로 나아가야 한다.

프로야구에서는 2군으로 내려가거나 방출당하면 좌절하다 결국 자포자기 상태에 빠지는 선수들이 종종 있다.

그러나 그럴 때일수록 심기일전해야 한다. 심기일전이라는 말은 비단 마음가짐에만 국한된 말이 아니다. 지금까지의 마음과 행동을 모두 과감히 바꾸는 대변혁을 포함한다. 바쁘게 흘러가는 시간 속에서 조금만 삶의 속도를 늦춰 보자. 시련의 시간을 통해 자신의 훈련법과 기술에 문제점이 없는지 다시 한번 살펴보자. 오히려 남들의 시선을 피할 수 있는 절호의 기회다.

인생은 마음먹은 대로 되지 않지만, 같은 상황이 평생 계속되는 것도 아니다. 오르막이 있으면 내리막이 있고, 내리막이 있으면 오르막이 있다. 항상 앞을 잘 주시하고 있어야 한다.

오랜 시간 노력을 거듭하여
진짜 실력을 쌓아라

"끊임없이 시도하고 노력을 거듭하라."

일본의 전통 가면극 노能의 대성자인 제아미가 남긴 말이다. 그는 노의 정점을 꽃에 비유했는데, 그 꽃에는 두 종류가 있다고 했다.

'한철 꽃時分の花'과 '진짜 꽃まことの花'이다. '한철 꽃'이란 젊음과 유행에 편승했을 뿐인, 이른바 가짜 꽃인 셈이다. 노의 세계에서는 어릴 때부터 수련을 쌓으면 14세에서 15세 정도에는 어지간한 기술은 익힌 상태고, 소년에서 어른으로 성장하는 과도기이기 때문에 몸이 마르고 유연해 어떤 동작도 잘 소화할 수 있다고 한다. 이런 연유로 그 나이 때는 천재로 불리는 경우도 많다고 한다. 이것이 곧 '한철 꽃'이다.

하지만 이들 대부분은 미완성의 천재로, 얼마 지나지 않아 벽에 부딪히고 만다. 체격도 커지고 남자다워져 물 흐르는 듯한 유연한 동작을 하기가 점점 어려워진다. 이때부터가 진정한 싸움의 시작이다. 젊음이나 유행에 흔들리지 않는 실력이 뒷받침된 '진짜 꽃'을 목표로 노력해야 하는 것이다.

진정한 노력이 필요한 시기에는 오랜 시간에 걸쳐 수련을 거듭해 진짜 실력을 키워 나가야 한다. 그러기 위해서는 수단과 방법을 가리지 않고 끊임없이 시도해 가며 노력을 거듭하는 자세가 필요하다.

프로야구의 세계에도 '한철 꽃'은 얼마든지 있다. 프로가 되고 몇 년 지나지 않아 주전 자리를 꿰차 그럭저럭 성적을 남기긴 했지만, 더 이상 앞으로 나아가지 못하고 제자리 걸음만 하는 선수들도 수없이 많다.

나 역시 그랬다. 프로 입단 3년 만에 주전 자리를 꿰찼고 4년 차 때는 홈런왕 타이틀도 따냈다. 사실 '앞뒤 생각하지 않고 무작정 배트를 휘둘렀을 뿐인데 어쩌다 보니 타이틀을 거머쥐게 됐다'고 표현하는 편이 더 정확할 것이다.

5년 차 되던 해, 소속팀은 일본 정상에 올랐지만 내 타율은 2할 5푼 3리로 떨어졌고, 6년 차 시즌도 2할 6푼 3리로 타율은 좋지 않았다. 홈런은 20개 이상 쳤지만 도저히 만족할 수 없는 성적이었다. 관중석에서는 "커브도 못 치는 노! 무! 라!"라고 외치며 야유하기 일쑤였고, 감독에게는 2류 투수의 볼은 잘 치지만 1류 투수의 볼은 못 친다는 소리까지 들었다. 니시테츠 라이온스(현 사이타마 세이부 라이온스)의 이나오에게 번번히 당해 사람들로부터 빈정거림을 받게 된 것도 이 무렵이었다.

그 당시 나는 그야말로 '한철 꽃'에 불과했다. 좀처럼 부진에서 벗어나지 못하던 어느 날, 한 선배의 말이 내 눈을 번쩍 뜨이게 만들었다.

"어이, 노무라! 때린 놈은 아픈 걸 잊어도 맞은 놈은 잊지 못하는 법이야."

순간 정신이 확 들었다. 어디서 나타났는지 모를 풋내기가 갑자기 4년 차에 홈런왕 타이틀을 따냈으니, 당연히 투수로서는 두 번 다시 얻어맞지 않기 위해 대책을 세웠을 것이다. 5, 6년 차 시즌에는 병살타가 유독 많았는데, 나는 단지 내가 잘못 쳐서 그런 거라고 생각했다. 그러나 실은 상대 투수가 병살타를 유도하기 위해, 내가 취약한 코스로 공을 던진 거였고, 나는 그 책략에 빠져 있던 셈이다.

나는 그 길로 바로 어떤 코스와 구종에 아웃되었는지 샅샅이 조사하기 시작했다. 기록관에게 상대 투수의 볼 배급에 대해 최대한 상세하게 적어 달라고 부탁했고, 그 자료를 통해 내가 취약한 코스를 확인할 수 있었다. 또 볼카운트에 따라 내가 어떤 공에 손을 대는지도 확실히 알 수 있었다. 부끄러운 이야기지만, 나는 그때까지 볼카운트가 초구부터 풀카운트까지 모두 12가지나 있다는 것을 모르고 있었다.

이렇게 볼 배급을 익혀, 7년 차 시즌에는 타율을 2할 9푼 1리까지 끌어올려 도약의 발판을 마련할 수 있었다. 이듬해인 1961년부터는 8년 연속 홈런왕을, 1965년에는 타격 3관왕 타이틀도 획득할 수 있었다.

만일 그때, 선배의 충고가 없었더라면, 나는 아마도 '한철 꽃'으로 끝나고 말았을 것이다. 맞은 사람은 잊지 못한다는 그 한 마디가 나의 거만함을 바로잡아 주었고, 더욱 분발하게 만들었다.

"인생은 마음먹은 대로 되지 않지만,
같은 상황이 평생 계속되는 것도 아니다.
오르막이 있으면 내리막이 있고, 내리막이 있으면 오르막이 있다."

4장

야구로 배우는 처세는
승률이 높다?!

072
좁은 길을 지날 때는 한 걸음 물러서서
다른 사람에게 길을 양보하라

徑路窄處, 留一步與人行, 滋味濃的, 減三分讓人嗜.
경 로 착 처 　 유 일 보 여 인 행 　 자 미 농 적 　 감 삼 분 양 인 기
此是涉世一極安樂法.
차 시 섭 세 일 극 안 락 법

좁은 길을 지날 때는 한 걸음 물러서서 다른 사람에게 길을 양보하라.
맛있는 음식은 조금 덜어 남과 나누어 먹어라.
이러한 마음가짐이야말로 세상을 즐겁고 편안하게 살아가는 방법 중 하나다.

－ 전집 13

　좁은 길을 지날 때는 한 걸음 물러서서 다른 사람에게 길을 양보하고,
맛있는 음식을 다른 사람과 나누는 마음가짐이야말로 세상을 잘 살아 나
가기 위한 비결이다.

　약육강식의 세계인 프로야구계에서 살아온 선수에게 다른 사람들을 위
해 길을 양보하라는 건 성공을 포기하라는 말이나 다름없다. 하지만 감독
입장에서는 개인보다는 팀을 위해 '헌신'하는 선수가 많았으면 하는 게
솔직한 심정이다.

　선수는 안타를 치거나 삼진을 잡아 우수한 성적을 남겨 몸값을 올리려
고 하는 '개인 우선주의'가 앞서고, 반면 감독은 어떤 선수를 쓰건 승부에

서 이기려고 하는 '팀 우선주의'가 앞선다. 선수나 감독이나 서로의 생각을 양보하기란 좀처럼 쉬운 일이 아니다.

그나마 감독과 선수 사이라면 명령과 지시로 정리가 되지만, 같은 선수끼리는 서로 양보하기 쉽지 않다. 시합 출장을 양보했다가 도리어 그 선수에게 자신의 자리를 빼앗겨, 다시는 그 자리에 돌아가지 못할 수도 있다. 부상을 숨기고 무리해서 시합에 나가는 선수가 많은 것도 이 때문이다.

포수는 팀에서 오직 한 명에게만 허락된 포지션이다. 선수 시절, 나는 내 자리에서 살아남기 위해 물러서지 않는 자세가 필요하다고 생각했다.

길을 양보한다는 것, 과연 어떻게 해야 현명한 것일까?

073
벗을 사귈 때에는 3할 정도의 의리와
인정을 지녀야 한다

交友須帶三分俠氣.
교 우 수 대 삼 분 협 기

作人要存一点素心.
작 인 요 존 일 점 소 심

벗을 사귈 때에는 모름지기 어느 정도의 의협심을 지녀야 하고,

사람 노릇을 할 때는 반드시 한 점의 순수한 마음을 지녀야 한다.

- 전집 15

벗을 사귈 때에는 어느 정도의 의리와 인정을 지니는 것이 중요하다. 훌륭한 사람이 되기 위해서는 순수한 마음과 뜻이 있어야 한다. 곤경에 처한 친구를 도우려는 의로운 마음을 3할 정도 남겨 둔다는 건 생각만큼 쉬운 일은 아니다. 특히 생존 경쟁이 치열한 프로야구 세계에 몸을 담고 있다 보면, 친구와 동료에 대한 순수한 우정과 인정을 간직하기가 매우 어렵다.

'야구는 혼자서도 할 수 있다.'

에나츠 유타카가 남겼다고 하는 유명한 말이다.

1973년 당시, 한신 소속이었던 에나츠 유타카는 마운드에서는 노히트 노런의 대기록을 세우고, 타석에서는 연장 11회 굿바이 홈런으로 직접 팀

의 승리를 챙겼다. 사실 경기가 끝난 후 취재 기자가 에나츠에게 "야구는 혼자서도 할 수 있군요"라고 하자 에나츠가 "아…"라고 대답했을 뿐이라고 한다.

실제 그와 같은 말을 했는지, 안 했는지는 본인만 알고 있다. 하지만 이 말은 투수의 자세를 잘 나타내는 표현이기도 하다. 투수는 그라운드에서 유일하게 높은 위치에 서 있는 포지션이다. 투수가 공을 던지지 않으면 경기는 시작되지 않는다. '혼자서도 할 수 있다'는 마음가짐이 어느 정도는 필요하다.

그후 에나츠는 난카이로 이적하여 내 밑에서 마무리 투수로 전업했다. 1977년 내가 감독 자리에서 해임되자 "감독님이 그만두면 저도 그만두겠습니다"라며 구단 측과 담판을 벌이기도 했다.

그의 의리는 3할이 아니라 10할이었다. 순수하기 그지없는 어린아이 같은 남자였다. 하지만 결국 에나츠는 히로시마로 이적하게 되었고, 이듬해인 1979년, 일본시리즈에서 '에나츠의 21구'라는 전설적인 투구를 기록하게 된다. 그의 노아웃 만루 상황에서의 예술적인 투구는 '혼자서 할 수 있다'는 말이 무색하지 않을 만큼 최고의 명장면이었다.

074
타인을 위해 한 걸음 물러서는 것은
자신을 위해 한 걸음 나아가는 것과 같다

處世讓一步爲高, 退步卽進步的張本.
처 세 양 일 보 위 고　퇴 보 즉 진 보 적 장 본

待人寬一分是福, 利人實利己的根基.
대 인 관 일 분 시 복　이 인 실 리 기 적 근 기

살면서 다른 사람에게 한 걸음 양보하는 것이야말로 가치 있는 행동이다.
한 걸음 물러서는 것이 곧 나아가기 위한 바탕이 되기 때문이다.
사람을 대함에 있어 관대한 자세야말로 복을 불러오는 행동이다.
남을 이롭게 하는 것이 자신을 이롭게 하는 바탕이 되기 때문이다.

－ 전집 17

남에게 한 걸음 양보한다는 것은 매우 숭고한 일이다. 타인을 위해 한 걸음 물러서는 것은 자신을 위해 한 걸음 나아가는 것으로 이어지기 때문이다.

사람을 대할 때는 너그럽게 대해야 한다. 관대한 태도는 곧 자신의 이익으로 이어지기 때문이다.

2012년에 은퇴한 카네모토 토모아키는 선수 생활 말년에 오른쪽 어깨에 부상을 입었다. 좌익수였던 그는 부상 때문에 타구를 처리한 후 송구할 때 고작 20미터 정도밖에 던지지 못했다. 그래서 좌익수 앞 안타라도 나오면 아무리 발이 느린 주자라도 유유히 홈에 들어오고, 발 빠른 타자는 손쉽게 2루까지 진루했다.

물론 그도 자신의 수비가 팀의 승리를 가로막고 있다는 사실을 자각하고 있었을 것이다. 하지만 선수 입장에서 시합에 나가지 않겠다고 말할 수도 없는 노릇이다. 게다가 연속 출장 기록도 가지고 있었다. 수비가 안 되는 만큼 타석에서 만회하겠다고 생각했을 것이다. 하지만 그러면 그럴수록 몸에 힘이 들어가 결과는 더욱 좋지 않았다.

양보가 한 발 늦어 한 걸음 더 나아가지 못하는 선수가 부지기수다. 누구나 알고 있지만 아무나 할 수는 없다. 인생은 그래서 뜻대로 되지 않는 것이다.

075
명예는 혼자 차지해선 안 되며,
오명은 다른 사람에게 전가해서는 안 된다

完名美節, 不宜獨任. 分些與人, 可以遠害全身.
완 명 미 절　불 의 독 임　분 사 여 인　가 이 원 해 전 신

辱行汚名, 不宜全推. 引些歸己, 可以韜光養德.
욕 행 오 명　불 의 전 추　인 사 귀 기　가 이 도 광 양 덕

명예와 충절은 혼자 차지해서는 안 된다. 조금이라도 다른 사람과 나누면 화를
피하고 몸을 보전할 수 있다.

수치와 오명은 다른 사람에게 떠밀어서는 안 된다. 조금이라도 자신이 감수하면
재능을 감추고 덕을 기를 수 있다.

– 전집 19

　명예는 혼자 차지해서는 안 된다. 명예를 남과 함께 나누면, 자신에게
위해를 가해오는 사람을 줄일 수 있다. 오명은 다른 사람에게 떠밀어서는
안 된다. 스스로 오명을 감수하면 겸허히 자신의 인격을 수양할 수 있다.

　난카이 시절, 동기였던 미나가와 무츠오가 나에게 속내를 털어 놓은 적
이 있다.

　"어떻게 하면 앞으로 더 오래 던질 수 있을까? 솔직하게 의견을 말해
줘."

　당시 그는 이미 170승을 올려 일류 투수로 불리기에 충분한 선수였다.

32세에 170승. 물론 은퇴하기에는 이른 나이지만, 그동안 땀 흘린 노력의 대가를 인정 받으면서 선수 생활의 말년을 편안하게 보낼 수도 있었다.

하지만 미나가와는 그렇게 하지 않았고, 나도 그와 함께 특훈을 했다. 1968년, 미나가와는 31승을 올리며 다승왕과 방어율왕 타이틀을 획득했고, 같은 해 나도 8년 연속 홈런왕 자리에 오를 수 있었다.

안타깝게도 그는 2005년에 유명을 달리했지만, 2011년 명예의 전당에 이름을 올렸다. 그를 기리며 명예의 전당에서 내건 캐치프레이즈는 당연히 '마지막 30승 투수'였다.

소감을 발표하는 자리에서 미나가와의 아내는 이렇게 말했다.

"남편은 마지막까지 노무라 씨 덕분이라고 했어요."

나는 흐르는 눈물을 주체할 수 없었다. 나와 미나가와가 명예의 전당에 입성할 수 있었던 건, 그해 가을의 훈련이 있었기 때문이다.

076
꾸짖거나 가르칠 때 상대의 역량을 제대로 파악하는 것이 중요하다

攻人之惡, 毋太嚴, 要思其堪受.
<small>공 인 지 악   무 태 엄   요 사 기 감 수</small>
教人以善, 毋過高, 當使其可從.
<small>교 인 이 선   무 과 고   당 사 기 가 종</small>
다른 사람의 잘못을 꾸짖되 지나치게 엄격해서는 안 되며, 상대가 감당할 수 있는가를 생각해야 한다.
선으로써 사람을 가르치되 요구가 지나쳐서는 안 되며, 상대가 따라올 수 있도록 해야 한다.

- 전집 23

　다른 사람의 잘못을 꾸짖을 때는 단순히 엄격하기만 해서는 안 되며, 상대가 질책을 감당할 수 있는가를 생각해야 한다. 남에게 선행을 쌓게 할 때는 요구가 지나쳐서는 안 되며, 그 사람이 할 수 있는 범위 안에서 요구해야 한다.

　야쿠르트에 도바시 카츠유키라는 장인 기질의 과묵한 2번 타자가 있었다. 본래 그는 장타자를 목표로 하는 선수였는데, 치바 현에 있는 인바 고등학교 출신으로, 3학년 여름 대회에서 5개의 홈런을 기록한 적도 있었다. 실제로 2군에서 홈런을 많이 치기는 했지만, 그렇다고 히로사와 카츠

미나 이케야마 타카히로만큼 장타자는 아니었다. 그래서 나는 그를 단타 자로 키우기로 결심했고, 나무공이마냥 두꺼운 배트를 준비시킨 후 이렇 게 지시했다.

"자넨 아무리 봐도 홈런 타자는 아니니 단타자로 전향하게. 홈런 한 개 칠 바엔 안타를 열 개 쳐."

작은 체구임에도 곧잘 홈런을 쳐낸 걸 보면 타이밍 감각은 타고난 선수 였다. 야구에는 페이크 번트라고 하여, 번트를 대는 척하다 강하게 타격 하는 타법이 있다. 페이크 번트는 타격 직전까지 타구의 방향을 조절할 수 있는데, 도바시는 이 타법에 천재적인 재능을 보였다.

나는 그의 재능을 보고 "앞으로 일본에서 제일가는 2번 타자가 될 수 있 도록 최선을 다하게!"라며 격려했다. 꾸짖을 때나 가르칠 때나, 중요한 건 상대의 역량을 제대로 파악하는 것이다.

077
시시한 사람일지언정 미워하지 말고,
훌륭한 사람에게는 예를 다하라

待小人, 不難於嚴, 而難於不惡.
대 소 인   불 난 어 엄   이 난 어 불 오
待君子, 不難於恭, 而難於有禮.
대 군 자   불 난 어 공   이 난 어 유 례
소인배를 엄하게 대하는 것은 어렵지 않으나, 미워하지 않는 것은 어려운 일이다.
군자를 공손하게 모시는 것은 어렵지 않으나, 예의를 갖추는 것은 어려운 일이다.

– 전집 36

소인배를 대할 때 엄하게 대하는 것은 어렵지 않으나, 미워하지 않는 것은 어려운 일이다. 훌륭한 사람을 대할 때 자신을 낮추는 것은 쉬워도, 아첨하지 않고 경의를 표하며 예의를 갖추는 것은 어려운 일이다.

프로야구계에도 당연히 상사에게는 굽신대면서 부하에게는 엄격한 지도자가 있다. 본래 감독이나 코치의 역할은 자신보다 부족한 사람들을 올바르게 인도하는 것이다. 그렇기 때문에 때로는 엄격하게 다스리는 것도 필요한 법이다. 하지만 그 안에 애정이 없어서는 안 된다. 만일 선수를 잘 키우고 싶은 마음이 지나쳐 과도하게 욕심을 부린다거나, 패배를 선수의 탓으로 돌리게 되면 애정은커녕 도리어 미움이 커질 수밖에 없다.

반대로 자신보다 뛰어난 사람을 대할 때에는 경의를 표하며 적절한 예의를 갖추는 것이 어렵다. 아무래도 필요 이상의 아첨이 들어가기 마련이다. '자신을 낮추는 것'과 '아첨하는 것'은 천양지차天壤之差다.

　나는 아첨을 떠는 것도 파벌을 만드는 것도 싫었기 때문에 인맥으로 감독을 맡은 적이 단 한 번도 없다. 이것만큼은 자부할 수 있다.

078
봄바람에 얼음이 녹듯,
자연스럽게 잘못을 깨닫게 해야 한다

家人有過, 不宜暴怒, 不宜輕棄. 此事難言, 借他事隱諷之.
<small>가 인 유 과   불 의 폭 노   불 의 경 기   차 사 난 언   차 타 사 은 풍 지</small>

今日不悟, 俟來日再警之. 如春風解凍, 如和氣消氷,
<small>금 일 불 오   사 내 일 재 경 지   여 춘 풍 해 동   여 화 기 소 빙</small>

纔是家庭的型範.
<small>재 시 가 정 적 형 범</small>

가족의 잘못은 지나치게 화를 내서도 안 되고 가벼이 여겨 그냥 덮어도 안 된다.
바로 말하기 어렵다면 다른 일에 빗대어 자연스레 깨우치게 해야 한다.
오늘 깨우치지 못한다면 내일을 기다려 다시금 깨우치도록 해야 한다.
봄바람이 언 땅을 녹이고 온화한 기운이 얼음을 녹이듯 하는 것이 가정을 원만히
다스리는 이치다.

- 전집 96

　가족이 잘못을 저질렀을 때는 감정에 휩쓸려 분노해서는 안 되지만, 못
본 체 지나쳐서도 안 된다. 드러내 말하기 어렵다면 완곡하게 빗대어 넌
지시 깨우치게 해야 한다. 바로 깨닫고 반성을 하지 않는다면, 기회를 봐
서 다시 깨우쳐 주어야 한다. 봄바람에 얼음이 녹듯, 자연스럽게 잘못을
깨닫게 하는 것이야말로 이상적인 가정의 모습이다.
　내 아내는 말투가 엄격해서 자칫 무서운 여성이라고 오해 받기 쉬운 타

입이다. 그런데 가만히 지켜보면 명확한 기준이 있다는 것을 알 수 있다. 예의나 사리 분별, 정도와 절차에 어긋난 사람에게는 가차 없다. 아이에게도 결코 어려운 것을 요구하는 게 아니라 '인사는 큰소리로 똑바로 할 것', '밥은 남기지 말고 만든 사람에게 감사를 표시할 것' 등과 같이 당연한 것을 엄하게 가르친다. 한마디로 기준과 가치관이 분명한 사람이다.

가족 간에 폭력을 쓰지 않고 올바르게 타이르기 위해서는 결국 명확한 기준이 있어야 한다. 무엇이 옳고 무엇이 잘못된 것인지 깨우쳐 줄 확실한 기준이 있다면 감정에 휩쓸릴 일은 결코 없을 것이다.

가족 사이에 무엇보다도 필요한 것은 애정이며, 애정을 담아 소통해야 한다.

079
신념을 굽혀서는 안 되지만
지나치게 드러내도 안 된다

澹泊之士, 必爲濃艶者所疑, 檢飭之人, 多爲放肆者所忌.
_{담 박 지 사 　 필 위 농 염 자 소 의 　 검 칙 지 인 　 다 위 방 사 자 소 기}
君子處此, 固不可少變其操履, 亦不可太露其鋒芒.
_{군 자 처 차 　 고 불 가 소 변 기 조 리 　 역 불 가 태 로 기 봉 망}
검소하고 욕심이 없는 사람은 대개 사치스러운 사람에게 의심을 받고,
신중하고 엄격한 사람은 제멋대로인 사람에게 미움을 받는 경우가 많다.
군자는 이 같은 처지에 놓여도 자신의 지조를 조금도 굽히지 않아야 하며, 또한
자신의 날카로움을 지나치게 드러내어서도 안 된다.

– 전집 98

　검소하고 욕심이 없는 사람은 사치스러운 사람에게 의심을 받고, 신중한 사람은 제멋대로이고 엉터리인 사람에게 미움을 받기도 한다. 군자는 사람을 대할 때 자신의 신념을 굽혀서는 안 되지만, 그렇다고 자신의 신념을 지나치게 드러내도 안 된다.

　프로야구의 세계에 처음 발을 들였을 때, 주위 사람들로부터 사교성이 없다는 말을 들어 힘들었던 기억이 있다. 나는 당시 고졸 신고선수(일명 연습생)로 입단한 월급 7만 엔의 신인이었다. 대졸 신입사원의 월급이 6만 엔 정도였던 시절이니 겉으로 보기에는 높은 급여처럼 여겨질 수 있지

만, 합숙소 방세와 식비를 제하고 나면 실제 내 손에 떨어지는 것은 4만 8,000엔. 집에 돈도 부쳐야 했고, 당시 관행상 야구 장비도 자비로 구입해야 했기 때문에 만일 배트라도 부러지면 놀러 다닐 돈 따윈 아예 꿈도 꿀수 없었다. 그래서 프로 입단 후에도 외출할 때는 고등학교 교복을 입고 다녔다.

구두쇠라고 흉보는 사람도 있었지만, 정말 돈이 없는 걸 어쩌겠는가. 남는 건 오로지 시간밖에 없었기에 매일같이 스윙 연습을 했다. 그 덕에 착실하고 꾸준한 연습이 얼마나 중요한지 스스로 터득할 수 있었다.

야쿠르트 감독 시절, 아침부터 밤까지 착실히 스윙 연습을 하는 멤버로 미야모토 신야나 도바시 카츠유키, 이나바 아츠노리, 마나카 미츠루 등이 있었다. 난 한번도 예전의 나처럼 연습하라고 강요한 적은 없었지만, 그들은 노력을 아끼지 않았다. 그들의 그런 자발적인 노력이 하나하나 결실을 맺어 가는 모습은 정말 믿음직스러웠다.

080
새로운 친구를 찾기보다
오랜 친구를 소중히 하라

市私恩不如扶公儀. 結新知不如敦舊好.
<small>시 사 은 불 여 부 공 의　　결 신 지 불 여 돈 구 호</small>
立榮名不如種隱德. 尙奇節不如謹庸行.
<small>입 영 명 불 여 종 은 덕　　상 기 절 불 여 근 용 행</small>

사사로운 은혜를 베푸는 것은 공론을 따르는 것만 못하고,
새로운 친구를 사귀는 것은 오랜 친구와의 정을 돈독히 하는 것만 못하다.
영예로운 명성을 쌓는 것은 남몰래 덕을 쌓는 것만 못하고,
절개를 특별히 숭상하는 것은 평소의 행실에 주의하는 것만 못하다.

– 전집 110

인생을 보다 이롭게 하기 위한 다음 네 가지 원칙이 있다.

첫째, 사사로이 은혜를 베풀기보다 올바른 의견에 손을 들어 주어야 한다. 둘째, 새로운 친구를 사귀기보다 오랜 친구를 소중히 해야 한다. 셋째, 명예나 좋은 평판을 바라기보다 눈에 띄지 않더라도 다른 사람들을 위해 힘써야 한다. 넷째, 눈에 띄는 행동을 하기보다는 평소 행실에 주의해야 한다.

사람은 새롭고 화려한 것에 끌리기 마련이다. 하지만 이러한 성향은 때때로 사람을 보는 올바른 눈을 흐리게 만든다. 친구도 이와 마찬가지다.

새로운 친구는 대개 당장의 이익과 연결되는 경우가 많기에, 인간관계에 있어 우선시하게 되는 경향이 있다. 하지만 오랜 친구는 언제나 객관적으로 나를 바라봐 주는 사람이다. 현재의 내 모습이 과거에 비해 나아졌는지 아닌지를 가르쳐 줄 수 있는 사람이다.

사람으로 태어난 이상 세 명의 친구를 사귀어야 한다는 말이 있다. 세명의 친구란 '원리 원칙을 가르쳐 주는 친구', '스승으로 삼을 수 있는 친구', '입바른 소리를 해주는 친구'를 말한다. 하지만 안타깝게도 이와 같은 인간관계는 하루아침에 만들어지지 않는다.

올바른 눈으로 자신을 바라봐 줄 사람이 필요하다면 진정한 친구를 만들어야 한다. 그리고 오랜 친구일수록 올바른 눈을 지니고 있을 가능성이 높다.

081
동료가 잘못을 저질렀을 때는
마땅히 충고를 해주어야 한다

處父兄骨肉之變, 宜從容, 不宜激烈.
처 부 형 골 육 지 변 의 종 용 불 의 격 렬

遇朋友交游之失, 宜剴切, 不宜優游.
우 붕 우 교 유 지 실 의 개 절 불 의 우 유

부모형제의 변고는 침착하게 대처해야 할 일이니 감정에 격해져서는 안 된다.
친구와 동료의 잘못은 마땅히 충고해야 할 일이니 주저해서는 안 된다.

– 전집 113

부모형제에게 안 좋은 일이 생겼을 때는 감정에 휩쓸리지 말고 침착하게 대처해야 한다. 친한 친구나 동료가 잘못을 저질렀을 때에는 못 본 체하지 말고 마땅히 충고해야 한다.

때로는 베테랑 선수의 한 마디 말이 팀을 단단히 결속시키기도 한다. 라쿠텐 감독 시절, 야마사키 타케시가 젊은 후배 투수를 따끔하게 혼낸 적이 있다. 이유인즉, 그 투수가 예전에 변화구 제구 실수로 홈런을 맞은 적이 있는데, 그때와 똑같은 실수로 같은 타자에게 또 홈런을 맞았기 때문이다.

"같은 실수를 몇 번이나 하는 거야! 반성은 제대로 했어? 생각은 하고 던지는 거야!"

그 어린 투수도 자신의 실수가 분하고 아쉬웠는지 결국 눈물을 보였다. 나 역시 꾸짖고 싶은 건 마찬가지였지만, 야마사키의 따끔한 한 마디 덕분에 나까지 나설 필요가 없어졌다.

이렇듯 동료의 한 마디가 감독이나 코치의 질책보다 더 큰 효과를 낳기도 한다. 감독은 그라운드 밖에서 객관적으로 경기를 바라보는 입장이지만, 함께 뛰는 선수들은 어찌 보면 운명 공동체다. 승패에 따라 연봉이 오르락내리락하고, 자칫 잘못하면 방출될 수도 있다. 그렇기에 동료의 말 한 마디가 더욱 뼈저리게 다가오는 경우가 많다.

선수들끼리 서로 따끔하고 매섭게 충고할 수 있는 팀은 강한 팀이다. 하지만 감독만 꽥꽥 소리 지르고 있는 팀은 아직 멀었다고 할 수 있다.

082
자신의 공적을 내세우면 내세울수록
꼬투리 잡히기 쉽다

有姸必有醜爲之對. 我不誇姸, 誰能醜我.
유 연 필 유 추 위 지 대   아 불 과 연   수 능 추 아

有潔必有汚爲之仇. 我不好潔, 誰能汚我.
유 결 필 유 오 위 지 구   아 불 호 결   수 능 오 아

아름다움과 추함은 상대적인 것으로 반드시 대비를 이루고 있다.

내가 아름다움을 내세우지 않는데 그 누가 나에게 추하다 하겠는가.

깨끗함과 더러움 역시 상대적인 것으로 반드시 대비를 이루고 있다.

내가 깨끗함을 내세우지 않는데 그 누가 나에게 더럽다 하겠는가.

- 전집 134

아름다움과 추함은 동전의 양면과 같다. 스스로 자신의 아름다움을 내세우지 않는 이상, 그 누구도 추하다고 욕하지 않을 것이다. 깨끗함과 더러움 역시 마찬가지다. 스스로 청렴하고 고결하다고 내세우지 않는 이상, 그 누구도 더럽다고 비난하지 않을 것이다.

자신의 공적을 드러내는 일은 더더욱 삼가는 것이 좋다. 누구나 장점이 있는 만큼 단점도 있기 마련이고, 공적의 이면에는 그만큼의 실수도 있기 때문이다. 인정 받고 싶은 마음은 모두 마찬가지지만, 공적을 내세우면 내세울수록 그간의 실수로 인해 꼬투리 잡히기 쉽다.

나에게는 '투덜이 노무라'라는 별명이 있다. 시합이 끝난 후의 투덜거림은 자칫 잘못하면 지휘는 뒷전이고 선수만 비판한다고 받아들여지기 십상이다. 하지만 나의 의도는 매스컴을 통해 선수를 자극하여 분발케 하려는 것이었다. 시합에서 이겨도 일부러 칭찬을 하지 않는 것은 바로 그 때문이었다.

　하지만 늘 유의해 온 것이 하나 있다. 그것은 시합에서 이겨도 그 공을 나에게 돌리지 않고 모두 선수와 코치에게 돌리는 것이다. 승부의 세계에서는 오늘의 승리가 내일의 승리를 보장해 주지 않는다. 자신을 내세우다가 금세 나락으로 추락하는 경우가 많다.

083
호불호의 감정을 겉으로 드러내면
부하의 마음을 사로잡을 수 없다

功過不容少混. 混則人懷惰墮之心.
<small>공 과 불 용 소 혼　　혼 즉 인 회 타 타 지 심</small>

恩仇不可太明. 明則人起携貳之志.
<small>은 구 불 가 태 명　　명 즉 인 기 휴 이 지 지</small>

공적과 과실은 조금이라도 뒤섞여서는 안 된다.

만일 뒤섞이게 되면 사람들은 곧 나태한 마음을 품게 된다.

은혜와 원한은 지나치게 구분 지어서는 안 된다.

만일 구분이 지나치면 사람들이 떠나려는 마음을 품을 것이다.

– 전집 136

　부하의 공적과 과실을 애매하게 처분해선 안 된다. 만일 그렇게 한다면 부하는 나태해지고 낙심할 것이다. 부하에 대한 호불호의 감정이 겉으로 드러나서도 안 된다. 만일 그리 한다면 결코 부하의 마음을 사로잡을 수 없다.

　시합이 끝나면 감독과 코치가 한데 모여 그날 시합에 대한 '반성회' 시간을 갖는다. 최근에는 그 자리에서 바로 선수의 활약 정도에 따라 승리 수당을 분배하기도 한다. 꼭 이렇게 노골적인 방법이 아니더라도, 감독과 코치가 선수들의 경기 내용을 평가하여 점수를 매기기도 한다. 이러한 평가는 객관적이기 때문에 문제가 될 게 없다.

하지만 같은 플레이라고 해도 평가하는 사람의 마음에 호불호의 감정이 있으면 올바른 판단이 이루어지지 않는다. 그리고 이러한 감정은 아무리 감추려 해도 결국 상대에게 전해지기 마련이다. 따라서 선수를 평가할 때 결코 감정적으로 판단해서는 안 된다.

내가 평가한 가장 큰 기준은, '선수가 자기 자신을 위한 경기를 했는가, 아니면 팀을 위한 경기를 했는가' 하는 부분이었다.

가령 9회 말 1아웃, 1점 차로 쫓아가는 상황에서 타자가 출루해, 대신 발 빠른 대주자를 내보냈다고 치자. 이제 그 대주자를 어떻게 2루까지 진루시키느냐가 관건이 되는 결정적 순간에 다음 타자가 초구부터 섣불리 배트를 휘두른 끝에 아웃됐다면? 설사 역전승을 거두었다 하더라도 그 타자가 팀 승리에 기여한 점수는 '0점'일 뿐이다.

084
따뜻한 말 한 마디가
사람을 구할 수도 있다

士君子貧不能濟物者. 遇人癡迷處, 出一言提醒之,
<small>사 군 자 빈 부 능 제 물 자　　우 인 치 미 처　　출 일 언 제 성 지</small>

遇人急難處, 出一言解救之.
<small>우 인 급 난 처　　출 일 언 해 구 지</small>

亦是無量功德.
<small>역 시 무 량 공 덕</small>

군자라 가난하여 남을 직접 구제할 수는 없다 하더라도,
어리석고 미혹迷惑에 빠진 사람을 한 마디 말로써 이끌어 깨우치게 할 수 있고,
곤경에 처한 사람을 한 마디 말로써 구제할 수 있으니 이 또한 무한한 공덕이다.

– 전집 142

　생활에 여유가 없어 다른 사람에게 금전적인 도움을 주지는 못하더라도, 말로써 사람을 구제하는 것은 가능하다. 어려운 상황에 처해 실의에 빠진 이들에게 건네는 따뜻한 말 한 마디가 그들의 상황을 좋아지게 할 수도 있다.

　나에게는 '노무라 재활센터'라는 별명이 있다. 다른 팀에서 버려진 선수가 내 지도하에 보란 듯이 재기한 경우가 많았기 때문일 것이다. 하지만 이는 기필코 재기하겠다는 마음으로 선수 스스로가 필사적으로 노력했기 때문에 가능했던 일이다. 난 단지 그들에게 조언을 해주었을 뿐이다.

1997년 시즌을 앞두고 자유계약으로 히로시마에서 코바야카와 타케히코가 야쿠르트로 이적해 왔다. 그는 1997년 개막전에서 요미우리의 에이스 사이토 마사키로부터 3연타석 홈런을 쳐냈다. 당시 나는 그에게 이렇게 말했다.

"자넨 대학에서도 프로에서도 항상 첫해에 좋은 활약을 보였어. 자넨 환경이 바뀌는 것을 에너지로 삼는 타입이니까 이번에도 분명 잘 해낼 거야!"

1972년, 토에이 플라이어스(현 홋카이도 닛폰햄 파이터스의 전신)에서 데려온 투수 에모토 타케노리에게 등 번호 16번을 줄 때도 이렇게 말했었다.

"자넨 머지않아 에이스가 될 거야. 그러니 처음부터 에이스의 등 번호를 달아 두게."

에모토는 1971년에 연습생으로 갓 입단한 신인이었고, 당연히 토에이에서는 패전처리용 투수(승패가 이미 결정 나 이길 수 없는 상황에서 내보내는 투수)였다. 하지만 이듬해 난카이로 이적해 온 후, 그는 자신의 등 번호와 똑같은 16승을 올리며 에이스로 거듭났다.

말하는 데는 돈이 들지 않는다. 진심 어린 조언은 듣는 이로 하여금 돈 이상의 가치를 느끼게 한다.

085
사람을 부릴 때는 느긋하게
상대가 변화하기를 기다려라

事有急之不白者, 寬之或自明, 毋躁急以速其忿.
<small>사 유 급 지 불 백 자   관 지 혹 자 명   무 조 급 이 속 기 분</small>
人有操之不從者, 縱之或自化, 毋操切以益其頑.
<small>인 유 조 지 부 종 자   종 지 혹 자 화   무 조 절 이 익 기 완</small>

일을 급하게 서두르면 분명하게 드러나지 않다가도, 여유를 갖고 늦추면 자연히
분명해지기도 하니, 조급하게 서둘러 화를 불러들여서는 안 된다.
사람을 부리려고 하면 따르지 않다가도, 자유로이 두면 제 스스로 감화되기도 하
니, 너무 엄하게 부려 상대의 완고함이 심해지게 해서는 안 된다.

- 전집 152

　무슨 일이 생겼을 때 분주히 움직인다고 사태가 해결되는 것은 아니다.
섣부른 행동으로 혼란을 가중시키는 행동을 해서는 안 된다. 느긋하게 사
태가 명확해지는 것을 기다리는 것으로 충분하다.
　사람을 부릴 때도 마찬가지다. 느긋하게 상대의 변화를 기다리는 자세가
필요하다. 시끄럽게 말만 많이 하면, 상대도 더 뻣뻣하게 굴기 마련이다.
　포수에게는 '변화를 감지하는 눈'이 필요하다. 나는 포수들에게 오른쪽
눈으로는 투수가 던지는 공을 보고, 왼쪽 눈으로는 타자의 반응을 보라고
가르친다. 타자가 반응을 보이는 것은 공이 홈 플레이트 위를 통과하는

한순간뿐이다. 그 찰나의 순간에 타자는 때릴지 말지, 노렸던 공인지 아닌지에 대해 정직한 반응을 보인다. 만일 그전까지 직구를 노렸던 타자가 아무런 반응을 보이지 않는다면 마음을 바꾼 거라고 판단해야 한다. 물론 바뀌지 않았을 경우도 있을 것이다.

'변화를 감지하는 눈'은 비단 포수뿐 아니라 누구에게나 필요하다. 예를 들어, 부하가 왠지 실수를 저지를 것 같을 때는 무언가 변화가 감지될 것이다. 부하의 실수에 대해 질책할 때도 부하에게 어떤 변화가 일어나는지 차분히 기다리고 지켜보자.

자칫 '기다림'을 소극적인 것이라 여기기 쉽지만, 사실 기다림이야말로 '변화를 감지하는 눈'을 키우는 데 반드시 필요한 덕목이며, 다음 움직임을 위한 준비 자세이다.

086
리더가 명심해야 할
네 가지 덕목

士君子處權門要路, 操履要嚴明, 心氣要和易.
사 군 자 처 권 문 요 로   조 리 요 엄 명   심 기 요 화 이

毋少隨而近腥羶之黨, 亦毋過激而犯蜂蠆之毒.
무 소 수 이 근 성 전 지 당   역 무 과 격 이 범 봉 채 지 독

군자는 권세 있는 높은 자리에 올라도 지조와 행실을 공명정대히 하고 마음의 여
유를 가져야 한다.
조금이라도 소홀히 하여 사리사욕을 채우려는 나쁜 무리와 어울려서는 안 되며,
과격하여 소인배들의 독침을 건드려서도 안 된다.

– 전집 174

리더가 명심해야 할 네 가지 덕목이 있다.

발언과 태도는 공명정대할 것, 항상 마음에 여유를 가질 것, 권력이나
이익만을 좇는 사람들을 가까이 하지 않을 것, 극단적인 행동으로 불필요
한 원한을 사지 않을 것.

나는 이 네 가지를 실천하는 데 가장 필요한 것이 바로 '상황을 읽는 능
력'이라고 생각한다. 그리고 상황을 읽으려면 다음 5단계를 거쳐야 한다.
이는 포수와 감독직을 수행하며 깨달은 것이다.

첫 번째 관찰할 것, 두 번째 파악할 것, 세 번째 의심할 것, 네 번째 결

정할 것, 다섯 번째 이용할 것.

이를 좀더 부연설명하자면 상대를 관찰하고, 역할과 기량 차이를 파악하고, 내 생각과 남의 생각을 의심해 보고, 내가 취해야 할 수단을 결정하고, 필요하다면 상대의 심리도 이용해야 한다는 것이다.

《채근담》이 공정함과 관대함, 그리고 사려 깊음에 대해 말하는 것이라면, 나는 여기에 관찰력과 상상력, 통찰력, 결단력을 추가하고자 한다. 최고의 리더에게는 어느 것 하나 필요하지 않은 것이 없다. 프로야구의 세계는 전력 평준화가 이루어져 더 이상 능력이나 자금력과 같은 절대적 요소만으로는 승리를 이어갈 수 없게 되었다. 또한 글로벌화가 진행됨에 따라 기업과 사회에 컴플라이언스(compliance, 법령준수) 개념이 퍼지면서 전 세계가 공통된 행동 규범이 필요한 시대가 되었다. 이렇게 공통화, 평준화 되는 세상 속에서 살아남기 위해 조직을 이끄는 리더의 능력이 점점 더 중요해지고 있다.

087
세속에 영합해선 안 되지만 무조건
벽을 쌓아서도 안 된다

處世不宜與俗同, 亦不宜與俗異.
처 세 불 의 여 속 동   역 불 의 여 속 이

作事不宜令人厭, 亦不宜令人喜.
작 사 불 의 령 인 염   역 불 의 령 인 희

세상을 살아감에 있어 세속과 영합해선 안 되지만, 그렇다고 벽을 쌓아서도 안
된다.
일을 하면서 남의 기분을 해해선 안 되지만, 그렇다고 남에게 맞추기만 해선 안
된다.

– 전집 195

　살면서 속물과 영합할 필요는 없지만, 무조건 무정하게 잘라 내기만 해
서도 안 된다. 일을 하면서 부하에게 미움을 받는 것은 좋지 않지만, 그렇
다고 해서 부하의 환심을 사기 위한 궁리만 하고 있어서도 안 된다.

　오치아이 히로미츠는 미움 받는 것을 두려워하지 않는 사람이다. 그는
주니치 감독 시절, '이기는 게 최고의 팬 서비스'라고 말한 적이 있다. 그
런데 정작 시합에서 이겨도 인터뷰에서는 말을 아껴 비난을 사기도 했다.
말은 옳지만 행동은 그와 상반되게 하는 그의 속내를 알 수가 없어 그에
게 직접 이유를 물어봤다.

그러자 오치아이는 이렇게 딱 잘라 말했다.

"스포츠 기자라면 모를까, 방송국 취재진은 야구를 몰라요. 이해 못하는 사람들하고 야구 얘기 해봤자 시간 낭비죠."

"그럼 가르쳐 주면 되지. TV나 신문을 보는 팬들도 있잖나."

내 반문에 그는 그저 쓴웃음을 지을 뿐이었다.

그는 명장답게 팀을 4차례나 리그 우승으로 이끌었지만, '이기는 게 팬서비스'라던 그의 공언이 무색하게 관객 동원은 기대에 부응하지 못했다. 그러나 여전히 많은 팬들은 마음 속으로 오치아이를 지지하고 있다. 나는 구단의 모회사나 언론과 영합할 필요는 없지만, 조금 유연해질 필요는 있다고 생각한다. 하지만 분명한 건, 끝까지 신념을 굽히지 않고 헤쳐 나가는 모습에 지지를 보내는 팬들도 많다는 사실이다.

리더는 부하가 쉽게
포기하게 해서는 안 된다

일전에 NHK와의 인터뷰에서 한 아나운서가 내게 이런 질문을 한 적이 있다.

"감독의 역할을 한마디로 말한다면요?"

나는 이렇게 대답했다.

"나침반이나 방향 지시기죠."

예전 일이지만, 남자로 태어난 이상 꼭 해보고 싶은 직업 세 가지를 묻는 설문 조사에서 '연합 함대 사령관', '오케스트라 지휘자', 그리고 '프로야구 감독'이 꼽혔다. 아무래도 남자는 태생적으로 많은 사람들을 진두지휘하고자 하는 본능을 가지고 있는 모양이다.

운 좋게도 난 그중 하나인 프로야구 감독을 할 수 있었다. 하지만 감독인 나 역시도 항상 나침반을 찾아다닌다. 독서에 매진하는 이유도 책에서 지혜나 얻을 수 있는 좋은 요소가 있을 거라고 생각하기 때문이다. 나는 그중에서도 사상가 야스오카 마사히로의 책을 통해 리더의 자질에 대해 많은 것을 배웠다.

야스오카 마사히로는 중국 명나라 말 유학자 여곤의 저서 《신음어呻吟語》

의 구절을 빌어 리더의 자질 중 첫째는 '심침후중深沈厚重'이고, 둘째는 '뇌락호웅磊落豪雄'이며, 셋째는 '총명재변聰明才辨'이라고 설명했다.

'심침후중'이란 글자 그대로, 생각이 깊고 침착하며, 정이 두텁고 진중한 것을 말한다.

'뇌락호웅'이란 대담하고 사소한 일에 얽매이지 않으며, 호탕하고 용감한 것을 말한다.

'총명재변'이란 두뇌가 명석하고 말솜씨가 좋은 것을 뜻한다. 여기서 말솜씨가 좋다는 것은 말수가 많음을 뜻하는 것이 아니라 필요한 말을 정확하고 알기 쉽게 전달하는 것을 의미한다. 나는 이러한 리더의 소양을 머리에 새기고 선수들을 이끌고자 노력해 왔다. 하지만 내게는 '심침후중'이나 '뇌락호웅'과 같은 면이 없다는 사실을 잘 알고 있다. 그럼에도 어떻게든 내가 가진 것을 전달하고자 필사적이었다. 어떻게든 그간 터득한 야구 기술과 이론을 말로 짜내어 선수들에게 전수하려고 힘썼다. 유니폼을 벗은 지금도 마찬가지다.

내 사전에는 '타협, 한정, 만족'이라는 단어가 없다. 타협, 한정, 만족은 발전의 적이다. 이만큼 했는데도 안 되면 어쩔 수 없다고 여기는 것이 타협, 내 능력은 이게 전부라고 여기는 것이 한정, 이 정도 성적이면 충분하다고 여기는 것이 만족.

이러한 사고방식은 모두 '포기'와 다를 게 없다. 리더는 부하가 쉽게 포기하게 해서는 안 된다. 나는 선수들을 보다 높은 곳으로 이끌기 위해 늘 그들에게 건넬 말을 찾았다. 타협, 한정, 만족을 뒤집어 말하면 이렇다.

'분명 더 잘할 수 있었을 거야.'

'내 능력은 이게 다가 아냐.'

'더 좋은 성적을 낼 수 있어.'

감독은 나침반이다. 나침반이란 올바른 방향을 가리키기 위해 존재한다. 팀이 발전할 수 있도록 이끌어 주는 것이 감독의 역할이다. 즉 목표를 명확히 세워 팀원 모두를 같은 방향으로 향하게 해야 한다.

모두가 같은 목표를 향해 각자에게 맡겨진 일을 충실히 해낸다면, 그 팀은 반드시 성공한다. 나에게 있어 프로야구 감독이란 항상 이러한 도전의 연속이었다.

"내 사전에는 '타협, 한정, 만족'이라는 단어가 없다.
타협, 한정, 만족은 발전의 적이다.
이만큼 했는데도 안 되면 어쩔 수 없다고 여기는 것이 타협,
내 능력은 이게 전부라고 여기는 것이 한정,
이 정도 성적이면 충분하다고 여기는 것이 만족."

5장

신의 한 수란 없다?!

088
소질은 평범해도 비범한 노력으로
길을 터득할 수 있다

醴肥辛甘非眞味. 眞味只是淡.
_{농 비 신 감 비 진 미　진 미 지 시 담}

神奇卓異非至人. 至人只是常.
_{신 기 탁 이 비 지 인　지 인 지 시 상}

독한 술과 기름진 고기, 맵고 단 것은 참맛이라 할 수 없다. 참맛은 단지 담백할
뿐이다.

신비하고 빼어난, 남다른 재능을 지녔다 하여 경지에 이르렀다고는 할 수 없다.
경지에 이른 사람은 다만 평범할 뿐이다.

- 전집 7

　지나치게 진하고, 기름지고, 달고, 매운 맛들은 요리 본연의 풍미라 할
수 없다. 참맛이란 단지 놀라울 정도로 담백한 법이다.

　사람도 마찬가지다. 남다른 재능을 지녀야지만 꼭 경지에 이르렀다고
할 수는 없다. 경지에 이른 사람은 놀라울 정도로 평범한 법이다.

　재능만으로 길이 열리는 것은 아니다. 나는 2013년에 은퇴한 미야모토
신야를 보며 그 사실을 통감했다. 사실 난 당초 미야모토에게 타격은 전
혀 기대하지 않았다. 오로지 수비만 전문으로 하는 '수비 전담 대원'이라
고 불렀을 정도다. 그래서 그에게 '이류의 넘버원', '일류 조연'이 될 것을

강조하며, 주자를 진루시키기 위한 타격을 할 것을 지시했다. 즉, 그에게 주문한 것은 완벽한 진루타라 할 수 있는 오른쪽 땅볼과 확실한 보내기 번트였다.

미야모토는 야간 경기가 있는 날에도 아침에는 반드시 연습장에 모습을 보였고, 시합이 끝난 후에도 밤늦게까지 남아 연습을 거듭했다. 이렇게 노력한 결과, 그는 보내기 번트 400개, 안타 2,133개라고 하는 경이로운 기록을 달성했다.

보내기 번트로 400타석 이상 손해를 보면서도 2,000안타를 쳐낸다는 것은 결코 쉬운 일이 아니며, 일본 프로야구계에서도 유일무이한 기록이다.

나는 그의 타격 소질을 '평범'하다고 여겼지만, 그는 '비범한 노력'으로 길을 터득한 것이다.

089
한 가지 견해만 고집하는 사람은
다양한 견해를 깨닫지 못한다

居卑而後知登高之爲危, 處晦而後知向明之太露.
기 비 이 후 지 등 고 지 위 위　　처 회 이 후 지 향 명 지 태 로
守靜而後知好動之過勞, 養默而後知多言之爲躁.
수 정 이 후 지 호 동 지 과 로　　양 묵 이 후 지 다 언 지 위 조

낮은 곳에 있은 후에야 비로소 높이 오르는 것의 위험함을 알고,
어두운 곳에 있은 후에야 비로소 밝음을 향하는 것이 지나치게 드러나는 것임을
안다.
고요함을 지킨 후에야 비로소 움직임을 좋아하는 것이 쓸데없이 고된 것임을 알
고, 침묵을 수양한 후에야 비로소 말 많은 것이 소란스러움을 안다.

－ 전집 32

　　낮은 곳에서 높은 곳으로 올라 보면, 높은 곳에 오르는 것이 얼마나 위
험한지 비로소 알게 된다. 어두운 곳에서 밝은 곳으로 나가 보면, 밝은 빛
이 모든 것을 속속들이 비추고 있다는 것을 알게 된다. 가만히 움직이지
않고 있다가 막상 움직이기 시작하면, 분주하게 움직이는 것이 얼마나 고
된지 알게 된다. 조용히 침묵하고 있다가 막상 말을 하기 시작하면, 말을
많이 하는 것이 얼마나 소란스러운지 알게 된다.
　　한곳에 머물러 한 가지 견해만을 고집하는 사람들은 세상에 얼마나 다
양한 사람들이 얼마나 각양각색의 견해를 가지고 있는지 미처 깨닫지 못

한다.

은퇴 직후, 앞으로 어떻게 살아야 할지 고민하고 있을 때, 평론가 쿠사야나기 다이조 씨가 일단 책을 읽어 보라며 내게 독서를 권했다. 그가 추천해서 읽은 책만 해도 족히 수백 권은 될 듯싶다. 《채근담》을 접한 것도 그 당시였던 것으로 기억한다.

현역 시절, 한 선배가 "일류가 되고 싶으면 일류가 모이는 곳에서 놀아라"라는 말을 해준 적이 있다. 도쿄의 긴자나 오사카의 키타신치 일대에 있는 일류 클럽에는 각계 유명 인사가 모이기 마련이니, 그런 곳에서 교류를 쌓아 두면 훗날 인생의 큰 자산이 될 거라는 말이었다.

만약 프로야구라는 좁은 세계밖에 몰랐다면, 지금도 나는 하고 싶은 말이나 불만이 있어도 똑바로 말하지 못했을지도 모른다. 바깥 세계에 눈을 뜨게 해준 사람들에게 진심으로 감사하고 있다.

090
새로운 사람과의 교제는
신중해야 한다

教弟子如養閨女, 最要嚴出入謹交遊.
교 제 자 여 양 규 녀   최 요 엄 출 입 근 교 유

若一接近匪人, 是淸淨田中下一不淨種子, 便終身難植嘉禾.
약 일 접 근 비 인   시 청 정 전 중 하 일 부 정 종 자   편 종 신 난 식 가 화

제자를 가르치는 것은 마치 규중처녀를 기르는 것과 같아서, 출입을 엄격히 통제
하고 사람과의 교제를 신중히 하도록 해야 한다.

만일 한번이라도 악한 사람을 가까이 하면, 깨끗한 논밭에 불결한 씨앗 하나를
뿌린 것과 같아, 평생토록 좋은 곡식을 심기 어려울 것이다.

- 전집 39

　젊은 사람을 지도할 때는 규중처녀와 같이 다루어야 한다. 사람의 출입
을 엄격히 통제하고, 낯선 사람과의 교제에 신중하도록 가르쳐야 한다.
행실이 나쁜 사람과 어울리게 되면 깨끗한 논밭에 불결한 씨앗이 뿌리를
뻗어 평생토록 좋은 곡식을 심기 어려워지는 것과 같으니, 올바른 길로
되돌리기까지 실로 엄청난 노력이 필요하다.

　타나카 마사히로는 2007년 라쿠텐에 입단했다. 그를 어떻게 활용해야
할지가 큰 고민이었다. 정석대로라면 2군에서 착실히 등판 경험을 쌓게
하는 게 가장 좋았겠지만, 당시 라쿠텐에는 이렇다 할 인재가 없었다. 그

리고 그의 투구는 18세라는 어린 나이에도 불구하고 압도적인 잠재력을 지니고 있었다.

고민에 고민을 거듭한 결과, 선발의 한 축을 맡기게 되었다. 실패하면 내가 책임을 지면 된다는 생각이었다. 아니나 다를까, 그는 첫 등판에서 2회도 채 버티지 못하고 강판되었다. 타나카는 벤치로 돌아와 눈물을 보였고, 나는 오히려 그 모습에서 희망을 보았다.

1년 동안 곁에 두고 키워 보아야겠다고 생각했다. "고교시절처럼 소리 질러도 되니까 네 본모습을 보여 봐. 그래도 안 되면 어쩔 수 없는 거지" 라며 그를 독려했다. 첫 승을 올리기까지 한 달여의 시간이 걸리긴 했지만, 그는 데뷔 첫 승을 완투승으로 장식했다.

타나카 자신도 2군으로 내려가는 것이 아닌가 걱정했다고 한다. 하지만 그 당시 라쿠텐은 약소구단이었기 때문에, 2군에 두었다간 패배에 익숙해져 버렸을지도 모른다. 그를 항상 주목 받는 위치에 두었던 건 정말 올바른 선택이었다고 생각한다.

091
선행이 남에게 알려지기를
바라면 안 된다

爲惡而畏人知, 惡中猶有善路.
<small>위 악 이 외 인 지   악 중 유 유 선 로</small>
爲善而急人知, 善處卽是惡根.
<small>위 선 이 급 인 지   선 처 즉 시 악 근</small>
악행을 하면서 남에게 알려지는 것을 두려워하는 것은, 악함 속에 아직 선함으로
나아가려는 마음이 있는 것이고, 선행을 하면서 남에게 알려지는 것을 서두르는
것은, 선함 속에 악의 뿌리가 있는 것이다.

– 전집 67

자신의 악행이 남에게 알려지는 것을 두려워하는 사람은 아직 선한 사람으로 돌아올 가능성이 남아 있는 것이고, 자신의 선행이 알려지는 것을 바라는 사람은 악한 사람이 될 가능성을 내포하고 있는 것이다.

야구 인생을 통틀어 나를 가장 기쁘게 했던 말은 바로 야마우치 신이치가 했던 말이다.

"노무라 씨는 저같이 서툰 투수마저도 잘 던지게 해줘요."

야마우치는 요미우리에서 난카이로 이적한 투수였는데, 당시 요미우리 자이언츠는 9년 연속 일본시리즈 우승을 달성해 황금시대를 구가하고 있었다. 나는 당시 요미우리의 주전 포수였던 모리 마사아키(본명 모리 마

사히코)에게 라이벌 의식을 불태우고 있었다. 어느 날, 야마우치에게 모리와 나의 차이를 묻자, 그때 그가 건넨 대답이 바로 "노무라 씨는 저같이 서툰 투수마저도 잘 던지게 해줘요"였다.

야마우치의 말에 새삼 그간 열심히 노력해 오길 잘했다는 생각이 들어 기뻤다.

스트라이크만 던져 주면 내가 어떻게든 해보겠다며 투수를 격려하고, 때론 질타하며, 필사적으로 팀을 지켜 온 보람이 있다고 생각했다.

모리와 개인적으로 만날 때면 "포수가 너무 저평가 받는다고 생각 안 해? 우리가 포수의 위상을 높이자!" 하며 서로 격려의 말을 나누곤 했다. 훗날 모리와 내가 야쿠르트와 세이부의 감독으로 일본시리즈에서 마주했을 때, 포수 출신으로서 이보다 더 자랑스러웠던 순간은 없었다.

092
지나치게 깨끗한 물에는
물고기가 살지 못한다

地之穢者多生物, 水之淸者常無魚.
_{지 지 예 자 다 생 물   수 지 청 자 상 무 어}

故君子當存含垢納汚之量, 不可持好潔獨行之操.
_{고 군 자 당 존 함 구 납 오 지 량   불 가 지 호 결 독 행 지 조}

거름이 있는 더러운 땅에는 많은 생물이 자라지만, 지나치게 깨끗한 물에는 물고기가 살지 못한다.

그러므로 군자는 때묻고 더럽다 하더라도 수용할 수 있는 도량을 가져야 하고, 깨끗한 것을 지나치게 선호하거나 독선적이어서는 안 된다.

– 전집 76

거름은 더럽지만 그 거름을 품은 대지에서는 수많은 생물이 나고 자란다. 반면, 지나치게 깨끗한 물에는 물고기가 살지 못한다. 인간에게는 이처럼 깨끗한 것과 더러운 것을 모두 아우를 수 있는 도량이 필요하며, 결벽과 독선에 빠져서는 안 된다.

내가 '난카이의 세 악동'이라 이름 붙인 사내들이 있다. 그들은 바로 카도타 히로미츠, 에모토 타케노리, 에나츠 유타카이다. 난 이 세 명에게 감독 수업을 받았다고 해도 과언이 아니다.

세 명 모두 죽어라 말을 안 들었다. 카도타의 경우, 지나치게 홈런에 집착했다. 내가 홈런은 안타의 연장선일 뿐이니 팀을 위한 타격을 하라고 아무리 외쳐도 들은 체도 않고, "제가 홈런을 쳐서 성적을 올리는 게 바로 팀을 위한 겁니다"라며 고집을 부렸다.

에모토는 머리를 좀처럼 깎지 않으려고 해 한참이나 애를 먹었다. "머리가 여자같이 그게 뭐야! 당장 자르고 와!"라고 명령해도, 다음날 1센티미터도 자르지 않은 채 태연히 나타났다.

에나츠의 경우는 한때 집에도 안 가고 밤새 놀러 다닌다는 소문이 있었다. 안 되겠다 싶어 나는 한동안 그를 데리고 오는 일을 자처했다. 마침 같은 맨션에 살고 있어 그를 집까지 데려다주기도 했다.

그렇게 속을 썩인 그들이지만, 결정적인 순간에는 언제나 든든한 버팀목이 되어 주었고, 이후에도 감독 생활을 하면서 그들만 한 걸물은 만나지 못했다. 나를 단련시켜 준 그들에게 지금도 감사한 마음을 가지고 있다.

093
하고자 하는 의지가 없는 사람은
평생토록 발전하지 않는다

泛駕之馬, 可就驅馳, 躍冶之金, 終歸型範.
봉 가 지 마   가 취 구 치   약 야 지 금   종 귀 형 범
只一優游不振, 便終身無個進步.
지 일 우 유 부 진   변 종 신 무 개 진 보
白沙云, 爲人多病未足羞, 一生無病是吾憂, 眞確論也.
백 사 운   위 인 다 병 미 족 수   일 생 무 병 시 오 우   진 확 론 야

수레를 뒤엎는 사나운 말이라도 길들이면 부릴 수 있고, 마구 튀는 쇳물도 결국
엔 거푸집 안에 담기기 마련이다.

그저 한가로이 놀기만 하고 분발하지 않는 사람은 평생 조금도 발전할 수 없다.

백사白沙 선생이 이르길, "사람으로 태어나 병이 많은 것은 부끄러이 여길 것이
아니니, 평생토록 병이 없는 것이 오히려 근심이다"라고 하였으니, 실로 옳은 말
이다.

- 전집 77

도저히 감당할 수 없는 사나운 말도 어떻게 길들이느냐에 따라 잘 부릴 수
있고, 여기저기 튀어 오르는 쇳물도 결국 거푸집에 부어져 훌륭한 그
릇이 된다. 그러나 늘 게으름 피우고 노력하지 않는 사람에게는 평생토록
아무런 발전도 기대할 수 없다. 옛말에 "병이 많은 것은 부끄러운 것이 아
니라 오히려 평생 아무런 병이 없어 고민 없이 살아가는 것이 걱정스러운
일이다" 하였는데, 실로 그렇다.

내가 선수들의 재기에 도움을 주며 '노무라 재활센터'란 별명을 얻을 수 있었던 건, 괴로움과 좌절을 경험한 사람들의 강함을 믿고 있었기 때문이다.

사람은 좌절을 경험하고 나서야 비로소 겸허해진다. 자신을 되돌아보고 반성해, '할 수만 있다면 다시 도전해 보고 싶다'는 의욕에 가득 차 있기에 타인의 조언에 솔직하게 귀를 기울일 수 있는 것이다.

가장 애를 먹이는 것은 1군과 2군을 왔다 갔다 하는 선수들이다. 주전은 아니지만 1군 선수가 부상이라도 당하면 잠시 그 공백을 메웠다가, 다시 2군으로 돌아가 중심 선수로 활약하는 선수들을 말한다. 이러한 선수들한테는 위기감이 없다. 그저 적당히 하면 된다고 생각한다.

"고작 5분 휘둘러서 뭐가 되겠어! 오늘 타격 연습은 그걸로 끝이야? 또 며칠 있다가 2군으로 내려가려고?"

이런 식으로 선수를 자극해 분발토록 해보아도, 버들가지에 바람 스쳐가듯 한 귀로 듣고 흘려버리고 만다. 그들이 다급해하는 순간은, 오로지 해고 통지를 받을 때뿐이다.

094
승리의 방정식은
존재하지 않는다

淸能有容, 仁能善斷. 明不傷察, 直不過矯.
_{청 능 유 용　　인 능 선 단　　명 불 상 찰　　직 불 과 교}

是謂蜜餞不甛, 海味不鹹, 纔是懿德.
_{시 위 밀 전 불 첨　　해 미 불 함　　재 시 의 덕}

심성이 청렴하면서도 포용력이 있고, 어질면서도 결단력이 있을 것.

두뇌가 명석하면서도 두루 헤아리는 것을 해치지 않고, 정직하면서도 지나치게
따지지 않을 것.

이것이야말로 꿀을 발랐음에도 달지 않고, 해산물임에도 짜지 않은 음식과 같으
니, 아름다운 덕이라 할 수 있다.

- 전집 83

　깨끗한 마음을 지녔으면서 동시에 포용력이 있고, 배려와 결단력을 함
께 갖출 것. 또한 명석하지만 타인을 비판하지 않고, 정직하지만 타인을
업신여기지 않아야 한다.

　사람은 본래 안정적인 상태를 선호하는 존재라, 늘 스스로를 납득시킬
만한 무언가를 원하기 마련이다. 자신의 우월함을 드러내기 위해 남을 비
판하거나 업신여기는 것, 모든 행동 양식을 정형화하여 패배했을 때의 구
실을 만드는 것 등이 이 같은 심리에서 비롯되었다고 할 수 있다.

　나는 '승리의 방정식'이란 있을 수 없다고 생각하는 사람이다.

6회까지는 선발 투수에게 맡기고, 7회부터는 중간 계투를 한 명씩 투입하여, 마지막은 마무리 투수에게 맡기는 것. 이 스타일을 가리켜 처음으로 '승리의 방정식'이라 부른 사람이 바로 나가시마 시게오 전 감독인 것으로 기억한다. 하지만 나는 승부란 원리원칙에 따르되, 상황에 따라 임기응변을 발휘하는 것이라고 생각한다.

쉽게 움직이지 않는 축도 필요하지만, 다양한 국면을 이해하고 적재적소에 인재를 기용하여 가장 빠르게 승리를 따내는 것이 무엇보다 중요하다.

때로는 선발 투수에게 마무리를 맡기겠다는 결단을 해야 할 때도 있다. 위급 상황에서 '승리의 방정식'에만 얽매여 있다간 오히려 팀의 결속이 깨질 수도 있다.

095
한순간의 격정에 휩싸이면
그릇된 줄 알면서도 과오를 범한다

當怒火慾水正騰沸處, 明明知得, 又明明犯着.
_{당 노 화 욕 수 정 등 비 처　명 명 지 득　우 명 명 범 착}

知的是誰, 犯的又是誰.
_{지 적 시 수　범 적 우 시 수}

此處能猛然轉念, 邪魔便爲眞君矣.
_{차 처 능 맹 연 전 념　사 마 변 위 진 군 의}

분노의 불길이 타오르고 욕망의 파도가 끓어오를 때, 옳지 않다는 걸 분명히 알
고 있으면서도 기어이 범하고 만다. 아는 사람은 누구이고 범하는 사람은 누구인
가? 그러므로 이러한 때일수록 굳세고 재빠르게 마음을 돌리면 사악한 악마도 참
된 군자의 마음으로 변할 것이다.

– 전집 119

　불같이 활활 타오르는 분노나 홍수처럼 밀려오는 욕망에 몸을 맡겨 버
리면, 옳지 않은 줄 알면서도 과오를 범하게 된다.

　알면서도 실패하는 사람은 누구인가. 분노와 욕망에 사로잡히기 전에
미리 깨달아 참고 견딘다면, 그릇된 생각도 올바른 생각으로 바뀌게 될
것이다.

　분노에 몸을 맡기고 행동하면 좋은 결과가 있을 리 없다. 나는 '분노'는
감정이고, '질책'은 이성이라 여기고 살아왔다.

가령, 감독이 선수의 실수를 꾸짖을 때 단순히 화만 낸다면 이는 순간의 격정에 치달아 행동한 데 지나지 않는다. 화를 쏟아 낸 감독은 잠시 기분이 풀릴지 모르나, 이유도 모른 채 야단맞은 선수는 억울하다는 생각에 점점 감독에게 불신의 마음을 품게 될 것이다. 이는 결국 팀과 감독에게 불이익으로 돌아올 것이다.

　선수를 야단치려면 먼저 왜 실수를 했고, 무엇이 잘못됐는지 선수에게 이성적으로 이해시켜야 하며, 어떻게 하면 다음에 실수하지 않을 수 있는지를 알려 주어야 한다. 그렇게 하면 한순간의 분노에 휩싸이거나 서로의 신뢰를 해치는 일 없이 다음 단계로 나아갈 수 있다.

096
작은 이득에 사로잡혀
전체의 이익을 해쳐선 안 된다

毋因群疑而阻獨見, 毋任己意而廢人言.
무 인 군 의 이 조 독 견   무 임 기 의 이 폐 인 언

毋私小惠而傷大體, 毋借公論以快私情.
무 사 소 혜 이 상 대 체   무 차 공 론 이 쾌 사 정

많은 사람이 의심한다 하여 자신의 견해를 굽혀서는 안 되고,
자신의 견해에 사로잡혀 타인의 의견을 묵살해서도 안 된다.
작은 이득에 사사로이 집착하여 대의를 망쳐서는 안 되고,
대중의 의견을 빌어 개인적인 감정을 만족시켜서도 안 된다.

- 전집 130

　사람은 자신을 지키려는 생존 본능이 있기 때문에 누구나 자기중심적
인 부분이 있기 마련이다. 따라서 프로야구 선수가 자신의 성적에 욕심을
내는 것은 어찌 보면 당연한 이치다.

　야구에는 진루타라는 이름의 범타가 있다. 자기 팀 주자를 앞 베이스로
진출하도록 도와주고 자신은 아웃되는 타격을 말한다. 예를 들어 주자가
2루에 있을 때, 타자가 유격수나 3루수 앞 땅볼을 치면 주자는 3루로 진
루하지 못한다. 하지만 2루수나 1루수 앞 땅볼일 경우에는 주자가 3루로
갈 수 있다.

하지만 진루타는 타수에 포함돼 자신의 타율이 깎인다. 즉, 팀에는 이득이지만 타자에게는 손해인 셈이다. 그런데 보내기 번트는 타수에 포함되지 않기 때문에 타율이 깎이지 않는다. 간혹 벤치에서 사인을 보내지도 않았는데, 세이프티 번트(타자 자신이 진루할 목적으로 대는 번트)를 시도하여 자신의 타율을 지키려는 타자도 있다.

하지만 이런 선수는 결코 팀에 좋은 영향을 끼치지 못한다. 안타가 반드시 필요한 상황에서 진루타에 그친 것이라면 용서할 수 있다. 하지만 멋대로 번트를 시도했다 실패해 놓고, "성공할 줄 알았는데…"라며 변명을 늘어놓는 선수는 용서하기 어렵다. 내 눈에는 그저 자기중심적인 사람으로만 보일 뿐이다.

097
사람은 돈이 있으면 다가오고
돈이 없으면 떠나간다

饑則附, 飽則颺, 燠則趨, 寒則棄.
기 즉 부   포 즉 양   욱 즉 추   한 즉 기

人情通患也.
인 정 통 환 야

배가 고프면 달라붙고, 배가 부르면 떠나가고, 따뜻하면 다가오고, 추워지면 버리는 것,

이것이 세상 사람들의 통상적인 병폐다.

― 전집 143

사람은 배가 고프면 달라붙고, 배가 부르면 떠나기 마련이다. 돈이 많다 싶으면 부지런히 찾아오지만, 돈이 없어지면 냉큼 떠나 버린다. 이는 인지상정이다.

난카이에서 해임되었을 때 이를 뼈저리게 느꼈다.

1977년 가을, 나는 난카이의 선수 겸 감독직에서 해임되었다. 당시에는 리그 우승을 놓친 팀의 주력 선수들이 일본시리즈에 게스트로 초청 받아 경기 해설을 하는 관례가 있었다. 그해, 우리 팀은 우승을 놓쳤기 때문에 나는 거의 매 경기에 게스트로 출연하기로 되어 있었다.

그런데 내가 감독 자리에서 해임되자 다들 "이번엔 안 나오셔도 됩니

다"라는 것이 아닌가. 결국 얼마 지나지 않아 일이 뚝 끊기게 되었다. 나중에 들으니 다들 난카이 구단의 눈치를 살피느라 출연 요청을 자제했다고 한다.

일을 끊지 않은 곳은 단 한 곳, 〈산케이스포츠〉뿐이었다. 이례적으로 간부가 직접 난카이 구단에 찾아가 나를 쓰겠다고 공언했고, '상식적으로 판단하라'는 구단측의 협박 아닌 협박에도 불구하고 나와의 약속을 지켜주었다.

나는 그 은혜에 보답하기 위해 그 누구에도 뒤지지 않을 훌륭한 관전기를 쓰겠다고 결심했다.

경기장 네트 뒤편에 진치고 앉아 색연필로 투수의 구종과 결과를 칠해가며 스코어북에 꼼꼼히 기록했다. 내가 지금까지도 〈산케이스포츠〉에서 평론을 하고 있는 건, 40여 년 전에 있었던 이런 사연 때문이다.

098
연승 기록은 다른 사람의 도움이 없으면 불가능하다

魚網之設, 鴻則罹其中. 蟷螂之貪, 雀又乘其後.
어 망 지 설   홍 즉 리 기 중   당 랑 지 탐   작 우 승 기 후

機裡藏機, 變外生變, 智巧何足恃哉.
기 리 장 기   변 외 생 변   지 교 하 족 시 재

고기 잡는 그물에 기러기가 걸려들고, 먹이를 노리는 사마귀 뒤에 그 사마귀를
노리는 참새가 있다. 계략 속에 계략이 감추어져 있고 이변 밖에서 또다른 이변
이 생겨나니, 인간의 작은 지혜와 얕은 꾀를 어찌 믿을 수 있겠는가.

– 전집 148

아무리 뛰어난 투수라도 자신의 승리를 마음대로 컨트롤하는 것은 불
가능하다. 완벽하게 잡아낼 수 있는 타구를 야수가 놓쳐 실책이 되기도
하고, 힘없는 플라이볼이 바람을 타고 담장을 넘어 홈런이 되기도 한다.
또 자신이 마운드에서 내려간 후에 중간계투가 승리를 빼앗기는 등, 이러
한 일은 흔히 일어난다.

다나카 마사히로는 2013년, 단일 시즌 24연승이라는 대기록을 달성했
다. 그도 오로지 자신의 힘만으로 무패 행진이 가능했다고 여기지는 않았
을 것이다. 시즌 초인 4월에는 투구 자체가 불안정했다. 8월에는 선취점
으로 2점을 내주었음에도 불구하고, 끝내기 역전승으로 겨우 승리투수가

된 적도 있다. 물론 능력 면에서 볼 때 그가 일본을 대표하는 에이스로 성장했음에는 의심할 여지가 없지만, 연승 기록은 다른 선수의 도움이 있었기에 가능했다.

내가 그를 칭찬하고 싶은 점은 다름이 아니라, 1년 동안 컨디션을 잘 조절하여 시즌이 끝날 때까지 잘 던졌다는 점이다. 1년 내내 승리를 이어간다는 것은, 정신력, 기술, 체력 중 어느 하나만 부족해도 해낼 수 없는 일이다. 연승 기록은 고된 임무를 잘 완수한 데 대한 보상이라 할 수 있다.

099
사소한 일에만 집착하는
경박함을 경계하라

受人之恩雖深不報, 怨則淺亦報之.
수 인 지 은 수 심 불 보   원 즉 천 역 보 지

聞人之惡雖隱不疑, 善則顯亦疑之.
문 인 지 악 수 은 불 의   선 즉 현 역 의 지

此刻之極, 薄之尤也. 宜切戒之.
차 각 지 극   박 지 우 야   의 절 계 지

다른 사람에게 입은 큰 은혜는 갚으려 하지 않고, 사소한 원한은 반드시 갚으려
하는 것.

타인에 대한 악평은 분명하지 않아도 의심하지 않고, 선한 평가는 분명해도 의심
하는 것.

이것이야말로 각박함과 경박함의 극치이니 마땅히 경계해야 한다.

- 전집 191

사람들은 흔히 다른 사람에게 큰 은혜를 입고도 그것을 갚으려 하지 않
으면서, 사소한 원한은 어떻게든 앙갚음하려고 한다. 다른 사람의 나쁜
평가에 대해서는 진위 여부를 떠나 함께 비판하면서, 좋은 평가에 대해서
는 설령 그것이 진실이라도 의심한다.

언제부턴가 우리나라는 이런 나라가 되고 말았다. 서로 꼬투리 잡고,
남이 잘되는 것을 방해하며, 책임을 전가하기 바쁘다. 겉으로 드러나는

부분만 중시하여 '과정이야 어떻든 결과만 좋으면 된다'는 풍조가 만연해 염증이 날 때도 있다.

나는 프로야구는 사회를 비추는 거울이라고 생각한다. 2013년에 일어난 공인구 사양 변경 은폐 사건(일본야구기구NPB가 프로야구 경기에 사용되는 공의 사양을 비거리가 잘 나오도록 반발계수를 높이기 위해 몰래 변경하고 이 사실을 공표하지 않은 사건)이 이를 상징적으로 보여주고 있다. 일본야구기구에서는 일부 직원이 독단적으로 벌인 일이라고 설명했지만, 이 사건의 이면에는 복합적인 이유가 있었을 것이다. 이를테면 홈런이 줄어 시합이 재미없어졌다는 구단 측의 뒷말이나, 기준에 적합하지 않은 불량품을 만든 제조사에 대한 보호 조치 등을 들 수 있다.

책임지려고 하지 않는 최고 권위자, 자신들은 피해자라고 주장하며 물고 늘어지는 일부 구단과 선수 협회, 무대 뒤편에서는 이처럼 관계자 모두가 추한 진흙탕 싸움을 계속해 왔다. 이런 싸움이 도대체 프로야구에 무슨 도움이 된단 말인가.

프로야구가 발전하려면 무엇보다 새롭게 팬을 확보하는 데 힘쓰고 팬들을 매료시킬 수 있는 경기를 펼쳐야 한다. 야구 관계자들 모두 한마음으로 힘을 합하지 않는 한, 프로야구의 미래는 없다는 것을 명심해야 한다.

100
어중간한 재능을 지닌 사람과는
일을 함께하기가 어렵다

至人何思何慮, 愚人不識不知, 可與論學, 亦可與建功.
지 인 하 사 하 려 우 인 불 식 부 지 가 여 론 학 역 가 여 건 공

唯中才的人, 多一番思慮知識, 便多一番億度猜疑,
유 중 재 적 인 다 일 번 사 려 지 식 편 다 일 번 억 탁 시 의

事事難與下手.
사 사 난 여 하 수

경지에 이른 사람은 쓸데없는 생각과 염려가 없고, 어리석은 사람은 배운 것이
없어 아는 것 또한 없으니, 함께 학문을 논하고 더불어 공적을 쌓을 수도 있다.
허나, 어중간한 재주를 지닌 사람은 생각이나 지식은 있을지언정, 그와 더불어
억측이나 의심이 많기에 일을 함께하기가 어렵다.

– 전집 216

   세상 모든 일에 정통한 사람과 지식이 전혀 없어 어리석은 사람은 함께
학문을 논하고 더불어 공적을 쌓을 수도 있다. 하지만 어중간하게 지식을
쌓은 사람은 생각이 많아 괜한 의심을 하기에 일을 함께하기가 어렵다.
   내 경험에 의하면, 승리하는 팀을 만들려면 우선 같은 방향을 향해 나
아가는 조직을 만들어야 한다.
   감독 시절, 코치들과 미팅을 할 때 자신의 담당 부문이 아니더라도 자
유롭게 발언할 수 있도록 했다. 가령, 타격 코치가 타자의 시선으로 자기

팀 투수를 관찰하면 그 투수의 버릇이나 장단점을 발견할 수 있다. 투수 코치도 마찬가지다. 이런 식으로 서로 의견을 공유하면, 코치는 객관적인 시선으로 담당 선수를 바라보는 게 가능하다.

하지만 코치들과 대화의 자리를 가지는 보다 근본적인 이유는, 감독으로서 내가 어떤 야구와 어떤 플레이를 추구하는지에 대해 코치 모두 공통된 인식을 가져 주길 바라는 마음이 깔려 있었다.

나는 '적은 점수를 끝까지 지켜 내는 야구'를 추구한다. 그럼에도 불구하고 '실수해도 괜찮으니 과감히 해봐' 하면서 정신론만 들먹일 뿐, '어떻게 과감하게 플레이해야 하는가'에 대해 똑바로 지도하지 못하는 코치와는 함께 일할 수 없다.

감독, 코치, 선수가 하나로 똘똘 뭉친 팀이야말로 가장 이상적인 조직이라고 생각한다.

101
예의란 마땅히 지켜야 할
자세이자 도리다

子弟者大人之胚胎, 秀才者士夫之胚胎.
자 제 자 대 인 지 배 태　　수 재 자 사 부 지 배 태

此時, 若火力不到, 陶鑄不純, 他日, 涉世立朝, 終難成個令器.
차 시　 약 화 력 부 도　　도 주 불 순　　타 일　 섭 세 립 조　　종 난 성 개 령 기

아이는 어른의 씨앗이며, 수재는 관리로 자라날 새싹이다.

헌데 화력이 모자라거나 단련이 불충분하면, 훗날 성장하여 세상에 나가 지위에

오른다 해도 훌륭한 그릇이 되기 어렵다.

– 전집 219

　아이들은 누구나 커서 훌륭한 인물이 될 가능성을 품고 있고, 그중에서
도 머리 좋고 재주 많은 수재는 장차 지도자가 될 가능성이 높다. 화력이
모자라면 좋은 그릇이 나올 수 없듯이, 아이들 역시 장래를 생각하여 엄
격하게 교육을 해야 한다.

　나는 아이들을 키우는 데 있어 가장 필요한 덕목은 바로 '예의'가 아닐
까 생각했다. 예禮로 시작하여 예禮로 끝나는 정신을 단단히 주입시켜야
한다.

　예의란 자신의 취향대로 판단하는 것이 아니라 마땅히 지켜야 할 자세
이자 도리다. 이를 분별하지 못하는 젊은이들은 아둔한 것이다. 예의란,
그 사람이 지닌 감성의 원점이라고 할 수 있다.

예의를 표하는 데 있어 필요한 것은 바로 '덕분입니다'라고 말할 수 있는 겸손한 정신이다. 야구에서는 아무리 개인의 능력이 뛰어나다 해도 혼자서는 승리는커녕 시합을 할 수조차 없다. 자신의 능력으로는 도저히 감당할 수 없는 부분을 보완해 주는 것이 바로 동료들이다. 그렇기에 더욱 서로에게 최소한의 예의를 지켜야 하는 법이다.

최근 형식적인 예의는 그만두자는 말을 하는 사람도 많은데, 형식적인 예의도 결국 예의가 아닌가. 예를 들어, 겉치레뿐인 연하장이라 하더라도 그 연하장을 받는 사람은 꼼꼼히 읽는다. 이렇게 형식적인 예의를 반복하다 결실을 맺는 인간관계도 있는 법이다.

102
본질을 이해하려면
생각하는 습관 훈련이 필요하다

人解讀有字書, 不解讀無字書.
인 해 독 유 자 서　　　불 해 독 무 자 서

知彈有絃琴, 不知彈無絃琴.
지 탄 유 현 금　　　부 지 탄 무 현 금

以迹用, 不以神用. 何以得琴書之趣.
이 적 용　　불 이 신 용　　　하 이 득 금 서 지 취

사람들은 글자가 적힌 책은 읽을 줄 알지만, 글자가 없는 책은 읽을 줄 모른다.
사람들은 줄이 있는 거문고는 탈 줄 알지만 줄이 없는 거문고는 탈 줄 모른다.
이처럼 형체만 사용하고 마음으로 느끼지 못한다면, 어찌 거문고와 책에 담긴 참
된 정취를 이해할 수 있겠는가.

- 후집 8

　무릇 독서는 글의 행간을 읽을 줄 알아야 하고, 음악은 여운을 즐길 줄
알아야 비로소 그 본질을 이해할 수 있다. 하지만 최근에는 만화나 게임
이 지나치게 유행하는 탓인지 너무 직접적인 글이나 음악이 대부분이다.
그래서 글 속의 참뜻이나 여운을 즐기는 법을 미처 깨우치지 못한 사람들
이 많다.

　본질은 직접적이고 노골적인 표현만으로는 이해할 수 없다. 나는 곧잘
'야구는 사이間의 스포츠'라는 말을 쓰는데, 이 말을 처음 접한 사람은 아

마 이해하기 어려우리라 생각한다. 설명하자면 이런 것이다.

투수가 공 한 개를 던질 때마다 생각할 시간이 있다. 그러니 그 사이에 상대의 수를 읽고 대비해야 한다고 선수들에게 아무리 강조해도 이해하지 못하는 경우가 많았다.

"투수가 다음 공을 던질 때까지 네가 어떤 공을 칠지 정해 두란 말이야!" 이렇게 풀어서 직접적으로 말하면 그제서야 이해하곤 했다.

머릿속에서 정했다고 바로 그 공을 칠 수 있는 게 아니기 때문에 생각하는 습관을 들이는 훈련이 중요하다고 선수들에게 늘 당부했다.

글의 행간을 읽고 음악의 여운을 즐기려면, 즉 모든 일의 본질을 이해하려면 그에 상응하는 훈련이 필요한 법이다.

103
상대의 시각에서 자신의 약점을 보면
극복할 수 있는 지혜가 떠오른다

從冷視熱, 然後知熱處之奔馳無益.
종 랭 시 열　 연 후 지 열 처 지 분 치 무 익

從冗入閒, 然後覺閒中之滋味最長.
종 용 입 한　 연 후 각 한 중 지 자 미 최 장

차분한 상태에서 열광했던 때를 되돌아보면 정열에 이끌려 내달렸던 것의 무익
함을 깨닫게 되고, 번잡함에서 벗어나 한가로워진 후에야 그 즐거움이 가장 오래
감을 깨닫는다.

– 후집 16

냉정한 마음으로 무언가에 열광했던 때의 자신을 되돌아보면, 열정에
만 휩싸여 움직이던 지난날이 헛된 것이었음을 깨닫게 된다. 번잡한 시간
을 보낸 후 한가로이 시간을 지내다 보면, 그제서야 비로소 마음이 풍요
롭고 여유로워진다.

나는 타자들에게 이런 말을 자주 했다.

"타석에선 포수가 돼라!"

이 말은 곧, 자신이 포수라면 타자인 자신을 어떻게 제압할지 생각해
보라는 것이다. 예를 들어, 몸쪽 공에 약한 타자라면 상대 투수는 당연히
몸쪽 공으로 승부를 보려고 할 것이다. 극단적인 경우, 모든 공을 몸쪽으

로 던질 수도 있지만, 그렇다고 안타를 맞지 않을 거라는 보장은 없다. 그렇다면 바깥쪽 빠지는 공으로 파울을 유도하여 유리한 카운트로 끌고 간 다음, 몸쪽 공으로 마무리하는 작전으로 나올 수도 있다.

이런 식으로 상대의 입장에서 생각을 거듭하다 보면 점점 해결책이 보이기 시작한다.

"전부 몸쪽 공이면 손쓸 방도가 없지만, 하나 정도는 바깥쪽으로 빠지는 유인구가 있을 테니 그걸 노리자", "몸쪽 공이 오면 일단 과감하게 쳐 보자. 안타가 아니더라도 큰 파울을 만들어 내면 투수가 경계할 거야" 등등.

이처럼 상대의 시각에서 자신의 약점을 바라보면, 약점을 극복할 수 있는 지혜가 떠오르는 법이다.

104
10여 초 짧은 순간에도
홈런 기록은 새롭게 바뀔 수 있다

延促由於一念, 寬窄係之寸心.
연 촉 유 어 일 념   관 착 계 지 촌 심

故機閒者, 一日遙於千古, 意廣者, 斗室寬若兩間.
고 기 한 자   일 일 요 어 천 고   의 광 자   두 실 관 약 양 간

길고 짧음은 생각하기 나름이고, 넓고 좁음은 마음먹기 나름이다.

그러므로 마음이 여유로운 사람에게는 하루가 천 년보다 길고, 뜻이 넓은 사람에

게는 좁은 방도 천지만큼 넓게 느껴지는 법이다.

- 후집 19

시간의 길고 짧음은 생각하기 나름이고, 세상의 넓고 좁음은 마음먹기
나름이다. 마음이 평안하고 느긋한 사람은 하루를 천 년처럼 느낄 수 있
고, 마음이 넓은 사람은 좁은 방이라도 우주처럼 넓게 느낄 수 있다.

앞서 언급했지만, 생각하는 습관을 들이면 타석에서 공을 기다리는
10여 초의 짧은 순간에도 자신의 생각을 충분히 정리할 수 있다.

1963년, 나는 52개의 홈런을 쳐내 한 시즌 최다 홈런 기록을 갈아 치웠
다(2015년 현재 단일 시즌 최다 홈런기록은 발렌틴의 60홈런). 그 전까지
는 1950년에 코즈루 마코토가 세운 51홈런이 최고 기록이었다. 나의 52호
홈런은 정규 시즌 마지막 경기, 마지막 타석에서 나왔다.

상대 투수 역시 불명예스러운 기록의 주인공이 되고 싶지는 않았을 것이다. 타석에 오르니 어느새 카운트는 노 스트라이크 쓰리 볼. 나 역시도 후회를 남기고 싶지 않다는 마음이 가슴 깊은 곳에서 솟구쳤다.

'승부는 다음 공 하나로 끝이다. 어떻게든 스윙을 해야 해. 만약 파울이 되면 그 다음엔 분명 볼넷이야. 어차피 바깥쪽 빠지는 공이 오게 돼 있어.'

이렇게 생각하면서 있는 힘껏 배트를 휘둘렀다. 총알 같은 직선타가 유격수의 머리를 넘어 그대로 관중석에 꽂혔다.

이 모든 게 불과 10여 초 사이에 일어났다.

105
'생각하는 야구'를
해야 하는 이유

自老視少, 可以消奔馳角逐之心.
자로시소   가이소분치각축지심

自瘁視榮, 可以絶紛華靡麗之念.
자췌시영   가이절분화미려지념

노인의 눈으로 젊음을 바라보면, 바쁘게 달리며 서로 다투는 마음을 지울 수 있고,
고달픈 사람의 눈으로 영화로움을 바라보면, 화려하고 호사스러운 생활을 누리
고 싶은 마음을 끊을 수 있다.

- 후집 57

　자신을 노인이라 생각하고 젊은이들을 바라보면 공적이나 명예를 좇는
경쟁심을 지울 수 있다. 곤궁한 사람의 눈으로 영화로움을 바라보면, 외
형의 화려함만을 추구하는 마음에서 벗어날 수 있다.

　이 구절은 자신의 좁은 소견만으로 행동을 정해선 안 된다는 것을 가르
쳐 준다. 그 어떤 일도 혼자서는 이룰 수 없다. 야구도 마찬가지다. 성공
과 실패는 표리일체表裏一體요, 영고성쇠榮枯盛衰는 세상만사의 이치다.

　내가 선수들에게 '생각하는 야구'를 익히게 한 까닭은, 승패가 결정 나
는 것은 기술의 영역을 넘어선 지점에 있다는 것을 잘 알기 때문이다. 야
구는 공 하나로 최대 4점을 따낼 수 있는 스포츠다. 헌데 앞서 말했듯이,

250

선수가 컨트롤할 수 없는 부분에서 승패가 결정 나는 경우가 많다. 따라서 선수는 자신이 제어할 수 있는 범위 내에서 최선의 노력을 다해 승리의 확률을 높여 가야 하는데, 이때 필요한 것이 바로 '생각하는 야구'다.

생각하는 습관을 조금이라도 빨리 터득해 두면 나이 들어서도 유리하다. 체력은 비록 떨어질지라도 '상황을 읽는 능력'으로 대처할 수 있기 때문이다.

내가 가르친 선수들 중에는 마흔이 넘도록 현역으로 뛰는 선수들이 많다. 그것도 파워 야구가 전성시대인 요즘 같은 때 말이다. 그들을 보고 있으면 '생각하는 야구'가 옳다는 것을 입증해 주는 듯해 흐뭇해진다.

106
결점도 다른 시각에서 보면
장점이 될 수 있다

金自鑛出, 玉從石生, 非幻無以求眞.
금 자 광 출   옥 종 석 생   비 환 무 이 구 진

道得酒中, 仙遇花裡, 雖雅不能離俗.
도 득 주 중   선 우 화 리   수 아 불 능 이 속

금은 광석에서 나오고 옥은 돌에서 나온다. 환상이 없이는 참다운 깨달음도 구할
수 없다.

술 마시며 도를 얻고, 꽃 속에서 신선과 마주하는 것은, 비록 우아할지라도 속세
를 벗어나지 못한 것이다.

– 후집 86

　금은 광석을 정련하지 않으면 얻을 수 없고, 보석 역시 원석을 가공하
지 않으면 얻을 수 없다. 아무리 좋은 소질을 지니고 있다 해도, 묵혀 둔
채 갈고닦지 않으면 결코 최고로 거듭날 수 없다. 프로야구 선수는 누구
나 일정 수준 이상 야구에 소질이 있는 사람들이다. 그러나 그중에는 고
액의 연봉을 받는 선수가 있는가 하면 최저 연봉을 받는 선수도 있다. 왜
이러한 차이가 생기는 것일까.

　'노무라 재활센터'라는 별명이 있긴 했지만, 내가 그렇다고 '퇴물'을 데
려다 재기시킨 건 아니다. 단지 남들이 보지 못하는 선수들의 장단점을

꿰뚫어 보려고 노력했을 뿐이다. 일례로, 요미우리에서 트레이드되어 난카이로 온 야마우치 신이치라는 투수는 아마추어 시절, 팔꿈치에 부상을 입어 오른쪽 팔꿈치가 부등호 모양으로 굽어 있었다. 그래서 직구를 던져도 공이 미묘하게 슬라이더처럼 회전했는데, 요미우리에서는 이를 '결점'이라 보고 탐탁지 않게 여겼다.

하지만 나는 '써먹을 수 있겠다'고 생각했다. 좌타자의 몸쪽으로 직구를 던져 보게 하니 가슴 깊숙이 파고들어 도저히 칠래야 칠 수 없었기 때문이다. 트레이드 전, 요미우리에서 1승도 올리지 못했던 야마우치는 1973년 난카이에서 20승을 올려 리그 우승에 큰 공을 세웠다.

이는 요미우리가 빼어난 원석을 손에 넣고도 그 원석을 갈고닦는 데 있어서는 미숙했음을 보여 준 사례. 결점도 조금 다른 시각에서 바라보면 장점이 될 수 있다. 야마우치의 성공으로 나는 다시 한번 내 야구가 틀리지 않다는 자신감을 갖게 됐다.

107
취할 것과 버릴 것을
구태여 구별하지 마라

天地中萬物, 人倫中萬情, 世界中萬事.
천 지 중 만 물   인 륜 중 만 정   세 계 중 만 사

以俗眼觀, 紛紛各異, 以道眼觀, 種種是常.
이 속 안 관   분 분 각 이   이 도 안 관   종 종 시 상

何煩分別, 何用取捨.
하 번 분 별   하 용 취 사

천지의 모든 사물, 인간관계의 모든 감정, 세상의 모든 일.

세속의 눈으로 보면 저마다 다르게 보이지만 깨달은 사람의 눈으로 보면 모두 같다.

어찌 분별할 것을 고민할 것이며, 취하고 버리는 것이 무슨 소용 있겠는가.

– 후집 87

우주에 존재하는 모든 것, 사람이 살면서 느끼는 모든 감정, 세상에서 일어나는 모든 일. 이를 세속의 눈으로 보면 저다마 다르게 보이지만, 깨달은 사람의 눈으로 보면 모두 같은 것이니, 어찌 구태여 취할 것과 버릴 것을 구별하겠는가.

야쿠르트에 이이다 테츠야라는 선수가 있었다. 그는 **빠른** 발과 강한 어깨가 무기인 1번 타자이자 중견수였다. 야쿠르트 감독 취임 직후 떠난 캠프에서 내가 구단에 요청한 것이 있다.

"1, 2군 가릴 것 없이 팀에서 발이 **빠른** 선수들은 모두 데려와 주십시

오. 실력은 제가 판단하겠습니다."

그 발 빠른 선수들 속에 그가 있었다. 포수 미트(포수용 글러브)를 끼고 멍하니 서 있는 '포수 이이다 테츠야'가 말이다.

그에게 물었다.

"자네는 빠른 발을 지녔군. 그런데 포수 포지션은 좋아하나?"

그러자 그는 이렇게 대답했다.

"고등학교 때 감독님이 저보고 어깨가 강하다며 포수를 하라고 하셔서요."

"포수를 하면 무릎이 상해. 기껏 빠른 발을 타고났는데 부모가 준 재산을 그냥 버릴 셈인가. 포수 글러브는 나한테 넘기고 그 돈으로 외야수용 글러브를 사게."

나는 그에게 외야수로 전향할 것을 권했다. 그리고 그의 포수 미트는 내가 4만 엔에 사들였다. 그는 외야수로 전향한 후 최고의 수비수에게 주어지는 골든 글러브를 수차례 수상했고, 특기인 빠른 발로 도루왕 타이틀도 따냈다

만일 그의 포지션이 포수라고 해서 처음부터 배제했더라면, 훌륭한 원석을 발견하지도 못하고 그냥 놓쳐 버렸을 것이다.

108
상식 수준에 머물면
절대 새로운 발상을 할 수 없다

山肴不受世間灌漑, 野禽不受世間豢養, 其味皆香而且冽.
산 효 불 수 세 간 관 개   야 금 불 수 세 간 환 양   기 미 개 향 이 차 렬
吾人能不爲世法所點染, 其臭味不迥然別乎.
오 인 능 불 위 세 법 소 점 염   기 취 미 불 형 연 별 호

산나물은 사람이 가꾸지 않아도 자연히 자라고, 들새 역시 사람이 돌보지 않아도
자연히 자란다. 그렇기에 그 맛이 좋으면서도 맑은 것이다.
사람도 세상의 악습에 물들지 않으면 그 악취가 멀리 사라지지 않겠는가.

– 후집 124

산나물과 들새는 사람 손을 타지 않기에 그 향과 맛이 훌륭하다. 사람
도 세상의 악습에 물들지 않으면 훌륭한 인품을 간직할 수 있다. 세상의
악습 중에는 이미 '상식'이 되어 버린 것도 있다. 때로는 이 '상식'에 대해
한번쯤 의구심을 가져 볼 필요가 있다.

내가 지금까지 야구를 해오면서 중요하게 생각한 것은 바로 '원리 원칙'
이다. '기책奇策'이 통하는 것은 운이 아니라, 팀원 모두가 야구의 원리 원
칙을 이해하고, 고민에 고민을 거듭해 짜낸 신의 한 수이기 때문이다.

'타자가 꺼려 하는 존zone은 그 타자가 가장 잘 치는 존 바로 옆이다.'

이는 나의 지론 중 하나다. 홈런 타자는 대개 몸쪽 높은 공을 기다리기

마련이다. 즉 다시 말해, 홈런 타자에게는 힘껏 당겨 쳐 장타를 뽑아낼 수 있는 코스의 공을 기다리는 습관이 있다. 하지만 그 코스에서 딱 공 한 개만큼만 더 몸쪽 깊숙이 던지면 타자는 십중팔구 헛스윙을 하게 된다.

타자는 속으로 쾌재를 부르며 배트를 휘둘렀겠지만, 실제 공은 타자가 생각한 것보다 조금 더 몸쪽으로 들어온 것이다. 하지만 타자는 줄곧 몸쪽 높은 존을 의식하고 있기 때문에, 미세한 코스 차이에도 어쩔 수 없이 반사적으로 배트가 나가고 만다. 전설적인 타자, 오 사다하루조차도 마찬가지였다.

'상식이니까'라는 말 한 마디로 끝내 버리는 것은 누구나 할 수 있다. 하지만 그렇게 해서는 절대 새로운 발상을 떠올릴 수 없다는 사실을 항상 명심해야 한다.

항상 객관적인 시선으로
자기 자신을 바라보아야 한다

'다른 시점에서 바라볼 것, 바깥에 서서 바라볼 것.'

열아홉 살 때, 이 말의 중요성을 깊이 깨닫게 된 사건이 있었다. 프로 입단 2년 차인 1955년 시범경기 때였던 것으로 기억한다.

요미우리가 원정 경기를 치르기 위해 난카이의 홈구장인 오사카 구장에 왔다. 나는 타격 연습용 포수로 그라운드에 나가 있었고, 연습이 끝난 후 서둘러 옷을 갈아입고 관중석으로 향했다. '타격의 신' 카와카미 테츠하루의 타격 연습을 보기 위해서였다.

눈을 깜빡이는 것도 아까워 꼼짝 않고 뚫어질세라 카와카미의 타격을 관찰했다. 그러다 생각지도 못했던 사실을 발견했다.

카와카미는 대표적인 레벨 스윙(수평 타법) 타자였다. 그런데 연습에서는 마치 골프 스윙을 하듯 배트를 휘두르는 것이 아닌가.

'왜 저렇게 연습하는 거지? 시합 때와는 완전히 다르잖아.'

의아하게 여기면서도 넋을 놓고 카와카미의 타격을 바라보았다.

합숙소로 돌아가 그를 흉내 내며 골프 스윙처럼 지면에 스칠 듯이 배트를 휘둘러 보았다. 직접 몸으로 느껴 보기 위해서였다. 한두 번 연습으로는 도저히 감을 잡을 수 없었다.

'왜 그랬을까? 도대체 왜….'

마음속으로 연신 되뇌며 배트를 휘두르던 중 불현듯 깨닫게 되었다.

'오른쪽 다리에서 왼쪽 다리로 부드럽게 체중이 이동될 수 있도록 하기 위해서인가?'

좌타자인 카와카미는 나와는 반대로 무게중심을 약간 왼쪽에 두고, 몸을 감는 듯한 레벨 스윙을 구사한다. 하지만 임팩트 순간만큼은 무게중심을 오른쪽으로 약간 이동시켜야 한다. 이때 자신의 몸을 지탱하는 축이 되는 다리에 계속 무게중심을 두고 있으면 빠른 스윙은 불가능하다.

당시 나는 축이 되는 오른발에 실린 체중을 스윙을 하면서 왼발로 이동시키는 데 애를 먹고 있었다. 카와카미의 스윙 연습은 나의 이런 고민에 대한 해답을 찾는 실마리가 되었다.

'배우다まなぶ(마나부)'의 어원은 '흉내 내다まねぶ(마네부)', 즉 '흉내まね(마네)'라고 한다. 그야말로 흉내 내다가 배운 경우라 할 수 있다.

선수들 중에는 남의 폼을 잘 흉내 내는 선수가 있다. 요즘 선수 중에서 예를 들자면, 마츠자카 다이스케나 다르빗슈 유, 타나카 마사히로 같은 선수가 그렇다. 흉내를 잘 내는 선수 중에는 뛰어난 선수가 많다. 다르빗슈의 경우, 왼손으로 던져도 오른손으로 던질 때와 똑같이 볼 컨트롤을 할 수 있다.

그들은 무엇보다 '관찰'하는 능력이 뛰어나다.

'관찰'이라는 것은 그냥 막연히 보는 게 아니라 포인트를 잡아내는 것이다. 내가 카와카미의 레벨 스윙에서 무언가 찾아내려 했던 것처럼, 무언가 하나를 정해서 자세히 관찰하는 것이 중요하다.

그리고 단순히 관찰하는 데 그치지 않고, 자신이 관찰한 대상을 그대로 자신에게 겹쳐 보아야 한다. 이것이 의미하는 것은, 야구 선수의 경우라면 바깥에 서서 객관적으로 자신의 투구 폼을 바라보고 있다는 것이다. 그리고 다른 사람의 폼을 실제로 따라 해보며 자신의 움직임과의 차이를 파악해야 한다.

내가 우두커니 카와카미의 스윙을 관찰하던 때와는 달리, 요즘은 자신의 폼을 손쉽게 녹화할 수 있는 세상이다. 대부분의 투수가 자신의 투구 폼을 촬영해 예전 영상과 비교하며 개선시켜 나간다.

시대가 변하고 기술이 발달하여 참 편리한 세상이 되었다. 하지만 기량 향상을 위해 필요한 자세만큼은 변하지 않았다.

'또 다른 자신'을 통해 항상 바깥에 서서 자기 자신을 바라볼 수 있어야 한다.

무한한 가능성을 이끌어 내는
평범함의 힘, 채근담

문장은 서투르기에 발전하는 것이고, 도는 서투르기에 이룸이 있는 것이다. 이 서투름拙이란 한마디는 무한한 뜻을 품고 있다.

채근담(후집 94)에는 이런 구절이 있다.

'拙(졸할 졸)'이란 서투르다는 의미로, 반대되는 한자는 기교를 뜻하는 '巧(공교할 교)'이다. 반드시 '기교'가 있어야 하는 것은 아니다. 서투른 문장이라도 그 나름의 맛이 있고, 서툴러도 똑바로 나아가면 되는 것이다. '졸拙'이라는 글자 하나에는 이처럼 무한한 뜻이 담겨 있고, 그것은 곧 무한한 가능성을 품고 있음을 말한다.

나는 난카이, 야쿠르트, 한신, 라쿠텐과 같은 하위권 팀 감독을 주로 맡았다. 하지만 선수 복이 있는지 팀 내에 우수한 선수가 많았고, 그 점은 항상 감사하게 생각했다. 하지만 그래도 라이벌 팀과 비교하기에는 선수층도 얇고, 자질 면에서 부족한, 즉 서투른 선수들을 많이 맡아 왔다.

그런 서투른 선수들을 데리고도 경기에서 이길 수 있었던 이유는 무엇일까? 그것은 바로 고지식하다는 소리를 듣더라도, 올바른 노력을 쌓아 온 선수들이 많았기 때문일 것이다. 흔히 '노력은 반드시 보상받는다'고들 하지만, 정확히 말하자면 '올바른 노력은 반드시 보상받는다'고 해야 할 것이다.

서툰 사람은 자신이 얼마나 서툴고 미숙한지 잘 알고 있다. 자신의 결점을 제대로 파악하고 있다는 것은 곧, 잘못된 방향으로 나아갈 가능성도 적다는 것을 의미한다. 나의 역할은 선수들이 잘못된 방향으로 나아가지 않도록, 야구에 임하는 자세와 마음가짐에 대해 선수들에게 조언하는 것이었다.

기교는 서투른 것만 못하다.
이는 틀림없는 진리다.

서투른 선수들은 필사적으로 자기 자신과 마주하며, 결점을 극복하고 장점을 성장시켰다. 내가 내세울 수 있는 건 선수들이 이 '무형無形의 힘'을 믿고 따라 주었다는 사실이다. 그들은 한 승, 한 승을 쌓기 위해 모든 노력을 아끼지 않았다. '3204전, 1565승 1563패 76무'. 이 숫자는 내가 감독으로서 남긴 기록이다. 하지만 결코 나 혼자만의 공적이 아니라는 사실을 누구보다 잘 알고 있다. 이 숫자는 선수들이 내게 준 선물이나 다름없다.

"사명使命이라는 단어는 '목숨命을 쓰다使'라고 쓰지. 목표를 달성하기 위해 목숨命을 다 써서 노력한다는 뜻이라고 나는 생각하네. 오늘만큼은 내게 목숨을 맡겨 주길 바라네. 자기 자신이 아니라 팀의 승리를 위해서 목숨을 다해 주길 바란다는 뜻일세. 책임은 모두 내가 질 테니."

우승이 걸린 중요한 시합을 앞두고 야쿠르트 선수들에게 내가 했던 말이다. 나는 정작 선수들 앞에선 말주변이 없어진다. 그래서 선수들이 분발할 수 있도록 격려하는 데 서툰 사람이다. 하지만 선수들을 움직이는 건, 결국 말뿐이라는 것을 잘 알고 있었다. 그렇기에 비록 서툴지언정 내 생각과 진심을 전할 수 있는 말들을 찾으려고 부단히 애를 썼다.

나날이 세상이 편리해지고, 수완과 요령 좋은 사람들도 점점 늘어나고 있다. 노력보다는 얄팍한 잔재주로 큰돈을 손에 넣으려는 사람들도 많다. 그러다 보니 착실히 올바른 노력을 쌓으려는 사람이 손해를 보는 일이 비일비재하다.

그런 시대이기에 《채근담》의 소박하고 순수한 격언 하나하나가 더욱 마음에 깊이 스며든다. '졸拙'이라는 글자 하나에 무한한 뜻과 무한한 가능성이 담겨 있는 것처럼, 《채근담》의 한 단어 한 구절에는 우리 내면에 잠재된 무한한 가능성을 이끌어낼 수 있는 힘이 담겨 있다고 생각한다.

스승이 필요한 순간
-400여 년 인간관계의 지혜가 담긴 채근담 인생 강의 108강

초판 1쇄 인쇄	2015년 10월 20일
초판 1쇄 발행	2015년 10월 30일
글쓴이	노무라 카츠야
옮긴이	장민규 · 조은형
펴낸이	엄태상
책임총괄	백상현
편 집	양선희
본문 디자인	이건화
표지 디자인	서동화
마케팅	오원택 이승욱 박기진 김동현 전한나 박나연
국제업무	나카하라 미나코

펴낸곳	㈜시사일본어사
등록일자	1977년 12월 24일
등록번호	제300-1977-31호
주소	서울시 종로구 자하문로 300 시사빌딩
전화	편집부 (02)3671-0528
	마케팅부 (02)3671-0519
팩스	(02)3671-0500
홈페이지	book.japansisa.com

ISBN 978-89-402-9178-8 03320

손으로 쓰는
채근담,

마음으로 새기는
인생교훈

시사일본어사

"바람이 성긴 대숲에 불어 왔다가 지나간 뒤 대나무는 소리를 남겨 두지 않고, 기러기가 차가운 연못 위로 날아 간 뒤 연못은 그림자를 남겨 두지 않는다" (채근담 전집 82)고 합니다.

번잡한 세상, 특별히 화려하고 강하지는 않지만 마음을 담백하게 채워 주는 채근담 구절을 손으로 쓰면서, 성긴 대숲에 이는 바람 소리, 그림자를 남겨 두지 않는 연못의 고요함을 느껴 보시기 바랍니다.

사람은 무엇을 위해 일하는가

寵利毋居人前. 德業毋落人後.
총 리 무 거 인 전   덕 업 무 락 인 후

受享毋踰分外. 修爲毋減分中.
수 향 무 유 분 외   수 위 무 감 분 중

이익은 남보다 앞서 취하려 들지 말아야 하고, 덕을 베푸는 일은 남에게 뒤쳐지지 않아야 한다.

재물을 누릴 때는 자기 분수를 넘지 않아야 하고, 수양할 때는 할 수 있는 모든 노력을 기울여야 한다.

- 전집 16

寵利毋居人前.

　　德業毋落人後.

受享毋踰分外.

　　修爲毋減分中.

2
성공의 절정에는
실패의 씨앗이 숨어 있다

苦心中, 常得悅心之趣.
<small>고 심 중　　상 득 열 심 지 취</small>

得意時, 便生失意之悲.
<small>득 의 시　　편 생 실 의 지 비</small>

고심 중일 때 오히려 흡족한 기쁨을 얻을 수 있고,

득의에 차 있을 때 오히려 실의의 슬픔이 태어난다.

– 전집 58

苦心中,

常得悅心之趣.

得意時,

便生失意之悲.

3
자신을 갈고닦아 얻은 행복은
오래도록 자신의 것이 된다

一苦一樂相磨練, 練極而成福者, 其福始久.
일 고 일 락 상 마 련 연 극 이 성 복 자 기 복 시 구

一疑一信相參勘, 勘極而成知者, 其知始眞.
일 의 일 신 상 참 감 감 극 이 성 지 자 기 지 시 진

인생의 쓴맛과 단맛을 모두 겪으며 연마하여 이뤄 낸 복은 진정으로 오래가는 법이다.

끊임없이 의심하고 신뢰하며 바로잡은 지식이야말로 진정으로 참된 지식이다.

- 전집 74

一苦一樂相磨練，

練極而成福者，

其福始久．

一疑一信相參勘，

勘極而成知者，

其知始眞．

4
과거의 실패를 후회하기보다
미래의 실패에 대비해야 한다

圖未就之功, 不如保已成之業.
_{도 미 취 지 공　불 여 보 이 성 지 업}

悔旣往之失, 不如防將來之非.
_{회 기 왕 지 실　불 여 방 장 래 지 비}

아직 얻지도 못한 성과를 기대하는 건 이미 이루어놓은 일을 지키
느니만 못하다.

이미 지나간 잘못을 후회하는 것은 앞으로 닥쳐올 잘못을 대비하느
니만 못하다.

– 전집 80

圖未就之功，

不如保已成之業．

悔既往之失，

不如防將來之非．

5
하늘이 도와주지 않는다 해도
자신의 길을 관철하라

天薄我以福, 吾厚吾德以迓之. 天勞我以形,
천 박 아 이 복   오 후 오 덕 이 아 지   천 노 아 이 형

吾逸吾心以補之.
오 일 오 심 이 보 지

天阨我以遇, 吾亨吾道以通之. 天且奈我何哉.
천 액 아 이 우   오 형 오 도 이 통 지   천 차 내 아 하 재

하늘이 나에게 복을 인색하게 준다면, 나는 덕행을 더 쌓아 복을 맞
이하고,

하늘이 내 육체를 힘들게 하면, 나는 마음을 편안히 하여 육체의 고
단함을 보완한다.

하늘이 나의 기회를 막아 험난하게 만든다면 나는 나 자신의 도를
형통하게 하여 통하게 하리라.

설령 하늘인들 어찌하겠는가.

- 전집 90

天薄我以福,

吾厚吾德以迓之.

天勞我以形,

吾逸吾心以補之.

天阨我以遇,

吾亨吾道以通之.

天且奈我何哉.

6
인내의 힘을 믿어라

語云, 登山耐側路, 踏雪耐危橋.
어 운 등 산 내 측 로 답 설 내 위 교

一耐字極有意味.
일 내 자 극 유 의 미

如傾險之人情,
여 경 험 지 인 정

坎坷之世道, 若不得一耐字撐持過去,
감 가 지 세 도 약 부 득 일 내 자 탱 지 과 거

幾何不墮入榛莽坑塹哉.
기 하 불 타 입 진 망 갱 참 재

옛말에 '산에 오를 때는 험한 비탈길을 인내해야 하고, 눈길을 걸을
때는 위험한 다리를 인내해야 한다'고 하였는데, '견딜 내(耐)'란 글
자는 참으로 깊은 뜻이 담긴 말이다.

험한 인정과 순탄치 않은 세상살이 속에서, '견딜 내(耐)' 한 글자 굳
게 지켜 나가지 못한다면, 어찌 가시덤불과 구렁텅이에 빠지지 않
을 수 있겠는가.

– 전집 179

語云, 登山耐側路,

踏雪耐危橋.

一耐字極有意味.

如傾險之人情,

坎坷之世道,

若不得一耐字撑持過去,

幾何不墮入榛莽坑塹哉.

7
실패의 근거,
질책의 근거를 확인하라

持身不可太皎潔, 一切汚辱垢穢, 要茹納得.
지 신 불 가 태 교 결　　일 체 오 욕 구 예　　요 여 납 득

與人不可太分明, 一切善惡賢愚, 要包容得.
여 인 불 가 태 분 명　　일 체 선 악 현 우　　요 포 용 득

몸가짐에 있어 결벽이 지나쳐서는 안 된다. 더러움과 불결함도 받아들일 수 있어야 한다.

사람을 사귈 때는 호불호가 지나쳐서는 안 된다. 착한 사람, 나쁜 사람, 똑똑한 사람, 어리석은 사람을 모두 포용할 수 있어야 한다.

- 전집 185

持身不可太皎潔.

一切污辱垢穢, 要茹納得.

與人不可太分明.

一切善惡賢愚, 要包容得.

8
훌륭한 상사에게는 혼나는 편이 낫다

寧爲小人所忌毁, 毋爲小人所媚悅.
녕 위 소 인 소 기 훼　　무 위 소 인 소 미 열
寧爲君子所責修, 毋爲君子所包容.
녕 위 군 자 소 책 수　　무 위 군 자 소 포 용

하찮은 사람에게 미움과 욕을 먹을지언정, 그들에게 아첨 받는 일은
없도록 해야 한다.
훌륭한 사람에게 질책과 가르침을 받을지언정, 그들이 너그러이 봐
주는 상대는 되지 않도록 해야 한다.

- 전집 189

寧爲小人所忌毀,

毋爲小人所媚悅.

寧爲君子所責修,

毋爲君子所包容.

9
나이는 숫자에 불과하다

日旣暮而猶烟霞絢爛. 歲將晚而更橙橘芳馨.
일 기 모 이 유 연 하 현 란   세 장 만 이 갱 등 귤 방 형

故末路晚年, 君子更宜精神百倍.
고 말 로 만 년   군 자 갱 의 정 신 백 배

태양이 저물어도 저녁노을은 아름답게 빛나고, 한 해가 저물어 가
도 감귤은 그윽한 향기를 풍긴다.

그러므로 군자는 인생의 후반부에 더욱 정신력을 발휘해야 한다.

- 전집 196

日既暮而猶烟霞絢爛.

歲將晚而更橙橘芳馨.

故末路晚年, 君子更宜精神百倍.

10
짧은 인생에서 싸워 이겨야 할
대상은 타인이 아니라 자신이다

石火光中, 爭長競短. 幾何光陰.
석 화 광 중　쟁 장 경 단　기 하 광 음

蝸牛角上, 較雌論雄. 許大世界.
와 우 각 상　교 자 논 웅　허 대 세 계

인간의 일생은 부싯돌에 불꽃이 이는 찰나의 순간이거늘, 그 인생
이 길고 짧다 한들 그 차이가 얼마나 되겠는가.

이 세상은 달팽이의 더듬이만큼이나 좁은 곳이거늘, 그 안에서 서
로 잘났다고 겨룬들 그 세상이 얼마나 크겠는가.

- 후집 13

石火光中，爭長競短．

幾何光陰．

蝸牛角上，較雌論雄．

許大世界．

//
겁쟁이는 겁을 내는 탓에
자신의 속셈을 간파 당한다

機動的, 弓影疑爲蛇蝎, 寢石視爲伏虎.
기 동 적　 궁 영 의 위 사 갈　 침 석 시 위 복 호

此中渾是殺氣.
차 중 혼 시 살 기

念息的, 石虎可作海鷗, 蛙聲可當鼓吹.
염 식 적　 석 호 가 작 해 구　 와 성 가 당 고 취

觸處俱見眞機.
촉 처 구 견 진 기

마음이 동요되면 활 그림자가 뱀처럼 보이고, 널브러져 있는 돌이 호
랑이가 엎드린 형상으로 보이니, 이것에는 모두 살기가 어려 있다.

마음이 안정되면 사나운 호랑이도 갈매기처럼 얌전히 길들일 수 있
고, 시끄러운 개구리 울음소리도 아름다운 음악소리로 들리니, 대
하는 모든 것에서 참된 기운을 볼 수 있다.

- 후집 48

機動的,

弓影疑爲蛇蝎,

寢石視爲伏虎.

此中渾是殺氣.

念息的,

石虎可作海鷗,

蛙聲可當鼓吹.

觸處俱見眞機.

12
목표가 수단을 낳는다

以我轉物者, 得固不喜, 失亦不憂,
이 아 전 물 자 　 득 고 불 희 　 실 역 불 우

大地盡屬逍遙.
대 지 진 속 소 요

以物役我者, 逆固生憎, 順亦生愛,
이 물 역 아 자 　 역 고 생 증 　 순 역 생 애

一毛便生纏縛.
일 모 변 생 전 박

자신이 주체가 되어 세상을 움직이는 사람은, 얻어도 기뻐하지 아
니하고, 잃어도 또한 걱정하지 않으니, 이는 온 대지가 자신이 다니
며 노니는 곳이기 때문이다.

반면 사물이 주체이고 그에 끌려다니는 사람은, 역경에 놓이면 남
을 원망하고, 뜻대로 이루어지면 집착하게 되니, 사소한 것에서 얽
매임이 생겨나기 때문이다.

– 후집 95

以我轉物者, 得固不喜,

失亦不憂, 大地盡屬逍遙.

以物役我者, 逆固生憎,

順亦生愛, 一毛便生纏縛.

13
끈기 있게 노력해 기회가
무르익기를 기다려라

繩鋸木斷, 水滴石穿. 學道者須加力索.
승 거 목 단　수 적 석 천　학 도 자 수 가 력 색

水到渠成, 瓜熟蔕落. 得道者一任天機.
수 도 거 성　과 숙 체 락　득 도 자 일 임 천 기

먹줄도 쓸리다 보면 나무가 베이고, 물방울도 오래도록 떨어지면 돌을 뚫는다. 배우고자 하는 사람은 모름지기 이와 같이 노력해야 한다.

물이 흐르면 도랑이 되고, 오이가 익으면 꼭지가 떨어진다. 깨달음을 얻고자 하는 사람은 모름지기 자연의 흐름에 모든 것을 맡겨야 한다.

– 후집 110

繩鋸木斷，水滴石穿.

學道者須加力索.

水到渠成，瓜熟蒂落.

得道者一任天機.

14
스스로를 되돌아보고, 슬럼프의 원인을 찾는 것이 중요하다

事稍拂逆, 便思不如我的人, 則怨尤自消.
<small>사 초 불 역 변 사 불 여 아 적 인 즉 원 우 자 소</small>

心稍怠荒, 便思勝似我的人, 則精神自奮.
<small>심 초 태 황 변 사 승 사 아 적 인 즉 정 신 자 분</small>

일이 여의치 않을 때는 나보다 못한 사람을 생각하라. 그리하면 원망하는 마음이 저절로 사라질 것이다. 마음이 나태해질 때는 나보다 나은 사람을 생각하라. 그리하면 저절로 분발하게 될 것이다.

– 전집 212

事稍拂逆，便思不如我的人，

則怨尤自消．

心稍怠荒，便思勝似我的人，

則精神自奮．

15
성공을 상상하라

事窮勢蹙之人, 當原其初心.
사 궁 세 축 지 인　당 원 기 초 심

功成行滿之士, 要觀其末路.
공 성 행 만 지 사　요 관 기 말 로

궁지에 몰려 형세가 좋지 않으면 초심을 돌이켜보아야 하고, 뜻을
이루어 만족한 사람은 반드시 그 성공의 끝을 살펴야 한다.

– 전집 30

事窮勢蹙之人，

當原其初心.

功成行滿之士，

要觀其末路.

16
성공하고 싶다면 남들보다 조금 더 높은 목표를 가져라

立身不高一步立, 如塵裡振衣, 泥中濯足.
입 신 불 고 일 보 립   여 진 리 진 의   니 중 탁 족

如何超達.
여 하 초 달

處世不退一步處, 如飛蛾投燭, 羝羊觸藩.
처 세 불 퇴 일 보 처   여 비 아 투 촉   저 양 촉 번

如何安樂.
여 하 안 락

뜻을 세우는 데 있어 한 걸음 높은 곳에 두지 않는다면, 먼지 속에서 옷을 털고 진흙 밭에서 발을 씻는 것과 같으니 어찌 성공할 수 있겠는가.

세상을 살아가는 데 있어 한 걸음 물러서지 않는다면, 등잔불로 뛰어드는 나방이나 울타리를 들이받는 숫양과 같으니 어찌 마음이 편하겠는가.

– 전집 43

立身不高一步立,

如塵裡振衣, 泥中濯足.

如何超達.

処世不退一步處,

如飛蛾投燭, 羝羊觸藩.

如何安樂.

17
침묵을 지키고 자신의 재주를
내세우지 않아야 실수가 적은 법이다

十語九中, 未必稱奇. 一語不中則愆尤駢集.
십 어 구 중　미 필 칭 기　일 어 부 중 즉 건 우 변 집

十謀九成, 未必歸功. 一謀不成則訾議叢興.
십 모 구 성　미 필 귀 공　일 모 불 성 즉 자 의 총 흥

君子所以寧默毋躁, 寧拙毋巧.
군 자 소 이 녕 묵 무 조　녕 졸 무 교

열 마디 말 중 아홉 마디가 옳아도 반드시 뛰어나다 칭찬받는 것은
아니지만, 한 마디라도 어긋나면 비난 받고 꾸중을 듣는다.

열 가지 계획 중 아홉 가지가 성공해도 반드시 그 공로를 인정받는
것은 아니지만, 한 번이라도 실패하면 사람들 입에 오르고 비난을
받는다.

그러므로 군자는 침묵할지언정 떠들어대지 않고, 무능한 취급을 받
을지언정 재주를 드러내지 않아야 한다.

– 전집 71

十語九中，未必稱奇．

一語不中則愆尤駢集．

十謀九成，未必歸功．

一謀不成則訾議叢興．

君子所以寧默毋躁，寧拙毋巧．

18
한가로운 시간에 노력을 거듭하면
나중에 그 덕을 본다

閑中不放過, 忙處有受用.
한 중 불 방 과 　 망 처 유 수 용

靜中不落空, 動處有受用.
정 중 불 락 공 　 동 처 유 수 용

暗中不欺隱, 明處有受用.
암 중 불 기 은 　 명 처 유 수 용

한가할 때 시간을 헛되이 보내지 않으면, 나중에 그 덕을 볼 수 있다.

고요할 때 멍하니 시간을 허비하지 않으면, 일을 하고자 할 때 그 덕을 볼 수 있다.

남들이 보지 않는 곳에서 양심에 어긋나는 행동을 하지 않으면, 사람들 앞에서 그 덕을 볼 수 있다.

- 전집 85

閑中不放過，忙處有受用．

靜中不落空，動處有受用．

暗中不欺隱，明處有受用．

19
설령 타인에게 미움을 받더라도
자신의 신념을 관철하라

曲意而使人喜, 不若直躬而使人忌.
<small>곡 의 이 사 인 희   불 약 직 궁 이 사 인 기</small>

無善而致人譽, 不若無惡而致人毀.
<small>무 선 이 치 인 예   불 약 무 악 이 치 인 훼</small>

신념을 굽혀 남을 기쁘게 하는 것보다는 스스로를 곧게 지켜 미움
받는 게 낫다.

잘한 것이 없는데 칭찬받는 것보다는 잘못이 없는데 비난 받는 게
낫다.

- 전집 112

曲意而使人喜,

不若直躬而使人忌.

無善而致人譽,

不若無惡而致人毀.

20
사소한 일도 소홀히 하지 마라

小處不滲漏, 暗中不欺隱, 末路不怠荒.
소 처 불 삼 루   암 중 불 기 은   말 로 불 태 황

纔是個眞正英雄.
재 시 개 진 정 영 웅

작은 일도 소홀히 하지 않을 것, 아무도 모른다고 속이거나 숨기지
않을 것, 아무리 곤궁해져도 포기하지 않을 것. 이렇게 해야 비로소
진정한 영웅이라 할 수 있다.

– 전집 114

小處不滲漏,

暗中不欺隱,

末路不怠荒.

纔是個眞正英雄.

21
선행의 이득은 눈에 보이지 않아도, 그 성과는 착실히 쌓인다

爲善不見其益, 如草裡東瓜, 自應暗長.
위 선 불 견 기 익   여 초 리 동 과   자 응 암 장

爲惡不見其損, 如庭前春雪, 當必潛消.
위 악 불 견 기 손   여 정 전 춘 설   당 필 잠 소

선을 행할 때 그 이득은 눈에 보이지 않지만, 풀숲에 숨은 채 자라
는 호박처럼 자연스레 저절로 자라난다.

악을 행할 때 그 손해 역시 눈에 보이지 않지만, 뜰에 쌓인 봄눈이
녹듯이 틀림없이 깨닫지 못하는 사이에 모두 사라져 버린다.

– 전집 161

爲善不見其益，

如草裡東瓜，自應暗長.

爲惡不見其損，

如庭前春雪，當必潛消.

22
급하게 이룬 수양은 깊이가 없다

磨礪當如百煉之金. 急就者非邃養.
마 려 당 여 백 련 지 금　 급 취 자 비 수 양

施為宜似千鈞之弩. 輕發者無宏功.
시 위 의 사 천 균 지 노　 경 발 자 무 굉 공

자신을 갈고닦을 때는, 쇠를 백 번 단련하듯 해야 한다. 급하게 이
룬 수양은 깊이가 없다.

일을 행할 때는, 무거운 활을 당기듯 해야 한다. 경솔한 행동으로는
큰 공적을 이룰 수 없다.

– 전집 188

磨蠣當如百煉之金.

急就者非邃養.

施為宜似千鈞之弩.

輕發者無宏功.

23
오래 움츠린 새가 더 높이 난다

伏久者飛必高, 開先者謝獨早.
복 구 자 비 필 고   개 선 자 사 독 조

知此, 可以免蹭蹬之憂, 可以消躁急之念.
지 차   가 이 면 층 등 지 우   가 이 소 조 급 지 념

오래 움츠린 새는 더 높이 날고, 먼저 피어난 꽃은 홀로 일찍 시들
고 만다.

이러한 이치를 알면 발을 헛디디는 근심을 면하고, 초조한 마음도
사라질 것이다.

– 후집 77

伏久者飛必高,

開先者謝獨早.

知此, 可以免蹭蹬之憂,

可以消躁急之念.

24
약자의 전술은 이렇게 탄생했다

天地寂然不動, 而氣機無息少停.
<small>천지적연부동   이기기무식소정</small>

日月晝夜奔馳, 而貞明万古不易.
<small>일월주야분치   이정명만고불역</small>

故君子, 閒時要有喫緊的心思,
<small>고군자   한시요유끽긴적심사</small>

忙處要有悠閒的趣味.
<small>망처요유유한적취미</small>

천지는 고요한 듯 보여도 그 움직임을 멈춘 적이 없고, 해와 달은
밤낮으로 분주해도 그 밝은 빛이 영원히 변하지 않는다. 그러므로
군자는 한가할 때일수록 대비하는 정신을 가지고, 분주할수록 여유
로운 멋을 지녀야 한다.

- 전집 8

天地寂然不動,

而氣機無息少停.

日月畫夜奔馳,

而貞明万古不易.

故君子,閒時要有喫緊的心思,

忙處要有悠閒的趣味.

25
실패가 있기에 성공도 있는 것이다

恩裡由來生害. 故快意時, 須早回頭.
은 리 유 래 생 해　　고 쾌 의 시　　수 조 회 두

敗後或反成功. 故拂心處, 莫便放手.
패 후 혹 반 성 공　　고 불 심 처　　막 편 방 수

은혜 속에서 재앙이 싹트는 것이니, 만족스러운 때일수록 돌이켜
반성해야 한다.

실패가 있기에 성공도 할 수 있는 법이니, 마음대로 되지 않는다고
포기해서는 안 된다.

- 전집 10

恩裡由來生害.

故快意時，須早回頭.

敗後或反成功.

故拂心處，莫便放手.

26
독선과 아는 체는
발전에 방해가 된다

利欲未盡害心, 意見乃害心之蟊賊.
<small>이 욕 미 진 해 심　의 견 내 해 심 지 모 적</small>

聲色未必障道, 聰明乃障道之藩屏.
<small>성 색 미 필 장 도　총 명 내 장 도 지 번 병</small>

욕심이 사람의 마음을 해치는 것이 아니라, 고집과 독선이야말로 선한 마음을 좀먹는 해충이다.

가무와 여색이 도를 가로막는 것이 아니라, 스스로를 총명하다 여기는 것이야말로 도를 가로막는 장애물이다.

- 전집 34

利欲未盡害心,
意見乃害心之蟊賊.
聲色未必障道,
聰明乃障道之藩屏.

27
장점을 살리려면 단점을 더 단련해야 한다

氣象要高曠, 而不可疎狂. 心思要縝密,
기 상 요 고 광　이 불 가 소 광　심 사 요 진 밀

而不可瑣屑.
이 불 가 쇄 설

趣味要冲淡, 而不可偏枯. 操守要嚴明,
취 미 요 충 담　이 불 가 편 고　조 수 요 엄 명

而不可激烈.
이 불 가 격 렬

기상은 높고 넓어야 하나 세상일에 어두워 행동이 거칠지 않아야 하고, 생각과 사상은 치밀해야 하나 자질구레하고 좀스럽지 않아야 한다.

정취는 담백, 소탈해야 하나 한쪽으로 치우쳐 메마르지 않아야 하고, 지조를 지킴은 엄격하고 분명해야 하나 지나치게 과격하지 않아야 한다.

– 전집 81

氣象要高曠，而不可疎狂.

心思要縝密，而不可瑣屑.

趣味要冲淡，而不可偏枯.

操守要嚴明，而不可激烈.

28
분노와 감정을 겉으로 드러내면
상대에게 이용당한다

覺人之詐, 不形於言. 受人之侮, 不動於色.
각 인 지 사 불 형 어 언 수 인 지 모 부 동 어 색
此中有無窮意味, 亦有無窮受用.
차 중 유 무 궁 의 미 역 유 무 궁 수 용

남이 속이는 것을 깨닫더라도 말로 표현하지 않고, 남에게 멸시 받더라도 낯빛 하나 바꾸지 않는다면, 그 가운데 무한하고도 깊은 뜻과 덕이 있는 것이다.

- 전집 126

覺人之詐，不形於言.

受人之侮，不動於色.

此中有無窮意味，

亦有無窮受用.

29
반성할 줄 아는 사람은 모든 것을
인생의 좋은 약으로 삼을 수 있다

反己者, 觸事皆成藥石. 尤人者, 動念即是戈矛.
반기자 촉사개성약석   우인자 동념즉시과모

一以闢衆善之路, 一以濬諸惡之源.
일이벽중선지로   일이준제악지원

相去霄壤矣.
상거소양의

자신을 돌이켜보고 반성할 줄 아는 사람은, 모든 것을 인생의 좋은
약으로 삼을 수 있다.

모든 것을 남의 탓으로 돌리며 책임을 회피하는 사람은, 그 마음이
자신을 향한 칼이 되어 돌아온다.

하나는 올바른 길을 여는 것이지만 다른 하나는 악의 근원을 이루
는 것이니, 반성과 회피는 하늘과 땅만큼의 차이가 있다.

- 전집 146

反己者，觸事皆成藥石.

尤人者，動念即是戈矛.

一以闢眾善之路，

一以濬諸惡之源.

相去霄壤矣.

30
충동적으로 일을 벌이는 사람은
오래 지속하지 못해 성취하는 게 없다

憑意興作爲者, 隨作則隨止. 豈是不退之輪.
빙 의 흥 작 위 자   수 작 즉 수 지   기 시 불 퇴 지 륜

從情識解悟者, 有悟則有迷. 終非常明之燈.
종 정 식 해 오 자   유 오 즉 유 미   종 비 상 명 지 등

충동적으로 일을 벌이는 사람은 시작해도 곧 그만두게 되니, 어찌

앞으로 나아가는 수레바퀴가 될 수 있겠는가.

감정으로 얻은 일시적인 깨달음은 이내 혼미해지니, 결코 영원히

밝은 등불이 될 수 없다.

- 전집 164

憑意興作爲者，隨作則隨止．

豈是不退之輪．

從情識解悟者，有悟則有迷．

終非常明之燈．

31
잡는 사람, 돕는 사람

爲鼠常留飯, 憐蛾不点燈.
위 서 상 류 반   연 아 불 점 등

古人此等念頭, 是吾人一点生生之機.
고 인 차 등 염 두   시 오 인 일 점 생 생 지 기

無此便所謂土木形骸而已.
무 차 변 소 위 토 목 형 해 이 이

쥐를 위하여 항상 밥을 남겨 놓고, 나방을 가엾게 여겨 등불을 켜지
않는다.

옛 사람의 이러한 가르침은 우리 인간이 살아가는 데 있어 필요한
마음가짐이다.

이러한 마음가짐이 없는 사람은 흙이나 나무로 만들어진 인형과 다를
바 없다.

- 전집 170

爲鼠常留飯，憐蛾不点燈.

古人此等念頭，

是吾人一点生生之機.

無此便所謂土木形骸而已.

32
타인의 아첨과 아부를 조심해야 한다

讒夫毁士, 如寸雲蔽日, 不久自明.
<small>참 부 훼 사　　여 촌 운 폐 일　　불 구 자 명</small>

媚子阿人, 似隙風侵肌, 不覺其損.
<small>미 자 아 인　　사 극 풍 침 기　　불 각 기 손</small>

중상모략을 일삼는 사람은 한 조각 구름이 태양을 가린 것처럼, 오래 지나지 않아 그 진실이 드러난다.

아첨하는 사람은 틈새바람이 살갗에 스미는 것처럼, 자신도 모르는 사이에 큰 피해를 입게 된다.

- 전집 192

讒夫毀士，如寸雲蔽日，
　　　　不久自明.

媚子阿人，似隙風侵肌，
　　　　不覺其損.

33
입은 마음의 문이니 단단히 지켜야 한다

口乃心之門. 守口不密, 洩盡眞機.
_{구 내 심 지 문　수 구 불 밀　설 진 진 기}

意乃心之足. 防意不嚴, 走盡邪蹊.
_{의 내 심 지 족　방 의 불 엄　주 진 사 혜}

입은 마음의 문이니 긴밀히 지키지 않으면 참된 기운이 모두 새어 나가고 만다.

뜻은 마음의 발이니 엄중히 지키지 않으면 그릇된 길로 치닫고 만다.

- 전집 217

口乃心之門.

守口不密, 洩盡眞機.

意乃心之足.

防意不嚴, 走盡邪蹊.

34
바쁠수록 냉정함을, 한가할수록 열정을 잊지 말아야 한다

熱鬧中著一冷眼, 便省許多苦心思.
열 료 중 착 일 냉 안   변 성 허 다 고 심 사

冷落處存一熱心, 便得許多眞趣味.
냉 낙 처 존 일 열 심   변 득 허 다 진 취 미

정신없이 바쁘더라도 냉정하게 바라볼 수 있는 안목이 있다면 많은

괴로움을 줄일 수 있고,

어려운 상황에 처했을 때도 열정적인 마음이 있다면 참된 즐거움을

많이 얻을 수 있다.

– 후집 59

熱鬧中著一冷眼,

便省許多苦心思.

冷落處存一熱心,

便得許多眞趣味.

35
좁은 길을 지날 때는 한 걸음 물러 서서 다른 사람에게 길을 양보하라

徑路窄處, 留一步與人行, 滋味濃的,
경 로 착 처   유 일 보 여 인 행   자 미 농 적

減三分讓人嗜.
감 삼 분 양 인 기

此是涉世一極安樂法.
차 시 섭 세 일 극 안 락 법

좁은 길을 지날 때는 한 걸음 물러서서 다른 사람에게 길을 양보하라.

맛있는 음식은 조금 덜어 남과 나누어 먹어라.

이러한 마음가짐이야말로 세상을 즐겁고 편안하게 살아가는 방법
중 하나다.

- 전집 13

徑路窄處,
留一步與人行,
滋味濃的,
減三分讓人嗜.
此是涉世一極安樂法.

36
타인을 위해 한 걸음 물러서는 것은 자신을 위해 한 걸음 나아가는 것과 같다

處世讓一步爲高. 退步卽進步的張本.
처 세 양 일 보 위 고   퇴 보 즉 진 보 적 장 본

待人寬一分是福. 利人實利己的根基.
대 인 관 일 분 시 복   이 인 실 리 기 적 근 기

살면서 다른 사람에게 한 걸음 양보하는 것이야말로 가치 있는 행동이다.

한 걸음 물러서는 것이 곧 나아가기 위한 바탕이 되기 때문이다.

사람을 대함에 있어 관대한 자세야말로 복을 불러오는 행동이다.

남을 이롭게 하는 것이 자신을 이롭게 하는 바탕이 되기 때문이다.

– 전집 17

處世讓一步爲高.
退步即進步的張本.
待人寬一分是福.
利人實利己的根基.

37
명예는 혼자 차지해선 안 되며, 오명은 다른 사람에게 전가해서는 안 된다

完名美節, 不宜獨任. 分些與人, 可以遠害全身.
완 명 미 절   불 의 독 임   분 사 여 인   가 이 원 해 전 신

辱行汚名, 不宜全推. 引些歸己, 可以韜光養德.
욕 행 오 명   불 의 전 추   인 사 귀 기   가 이 도 광 양 덕

명예와 충절은 혼자 차지해서는 안 된다. 조금이라도 다른 사람과 나누면 화를 피하고 몸을 보전할 수 있다.

수치와 오명은 다른 사람에게 떠밀어서는 안 된다. 조금이라도 자신이 감수하면 재능을 감추고 덕을 기를 수 있다.

– 전집 19

完名美節，不宜獨任.

分些與人，可以遠害全身.

辱行污名，不宜全推.

引些歸己，可以韜光養德.

38
새로운 친구를 찾기보다
오랜 친구를 소중히 하라

市私恩不如扶公儀. 結新知不如敦舊好.
시 사 은 불 여 부 공 의   결 신 지 불 여 돈 구 호

立榮名不如種隱德. 尙奇節不如謹庸行.
입 영 명 불 여 종 은 덕   상 기 절 불 여 근 용 행

사사로운 은혜를 베푸는 것은 공론을 따르는 것만 못하고,

새로운 친구를 사귀는 것은 오랜 친구와의 정을 돈독히 하는 것만
못하다.

영예로운 명성을 쌓는 것은 남몰래 덕을 쌓는 것만 못하고,

절개를 특별히 숭상하는 것은 평소의 행실에 주의하는 것만 못하다.

– 전집 110

市私恩不如扶公儀.

結新知不如敦舊好.

立榮名不如種隱德.

尙奇節不如謹庸行.

山高而雲不碍, 悟出有入無之機

-《채근담》후집 36 중에서